教育部人文社会科学研究一般项目"基于真实文本语料库的汉语结果补语语义指向及其计算机识别研究"（项目编号：17YJC740068）成果

马婷婷

著

结果补语语义指向
与计算机识别研究

RESEARCH ON
SEMANTIC ORIENTATIONS OF RESULTATIVE COMPLEMENT
AND COMPUTER RECOGNITION

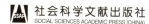
社会科学文献出版社
SOCIAL SCIENCES ACADEMIC PRESS (CHINA)

目　录

1 绪论

1.1 选题缘由与意义

朱德熙认为"语法形式和语法意义之间的关系是语法研究中的根本问题",而"语法研究的最终目的就是弄清楚语法形式和语法意义之间的对应关系"(朱德熙,1985)。作为形式、意义不对应的特殊结构,汉语述补结构一直是语法研究的重点课题。随着认知语言学的兴起,语义研究在意合型语言——汉语研究中的重要性更为凸显。因此,从语义指向的角度研究动结式是汉语句法语义互动研究的一个突破口,也是建构汉语语义语法体系的重要内容。本选题基于以下几种理由。

1.1.1 结果补语语义指向的复杂性

1.1.1.1 同一结果补语表示不同的意义

现代汉语中同一结果补语在相同的句法环境中,如果与之同现的名词宾语不同,则表示的意义不同,即语义指向不同的成分。如:

(1)他洗完了脸。("完"只表示动作"洗"的结束。)

(2)他看完了戏。("完"表示动作"看"的结束,同时表示宾语"戏"的结束。)

(3)他吃完了饭。("完"有歧义,可以表示动作"吃"的结束,也可以表示"饭"没有了。)

同一个词"完"作结果补语,同样处于 NP+V+完+NP 的句法环境中,为什么"完"的语义指向有如此多的可能与差别？结果补语语义指向的指数、语义指向的差别与什么有关？语义指向的决定性因素是什么？除了"完"具有这种多指向功能外，还有没有其他的词也具有同样的功能？

同一结果补语在相同的句法环境中，如果与之同现的谓语动词不同，其语义指向也可能不同。如：

（4）刘老师<u>学会</u>了英语。（"会"语义指向句内成分"老师"。）

（5）刘老师<u>教会</u>了英语。（"会"指向句外成分。）

1.1.1.2　不同的结果补语表示相同的意义

（6）红队<u>打败</u>了蓝队。

（7）红队<u>打赢</u>了蓝队。

"败、赢"是一对反义词，功能和性质相同，处在相同的句法环境中，表达相同的意思，但却指向不同的成分。

1.1.1.3　同一结果补语带不带宾语，其语义指向不同

（8）a. 他终于<u>唱红</u>了。（"红"前指"他"。）

　　 b. 他终于<u>唱红</u>了这首歌。（"红"后指"这首歌"。）

（9）a. 他<u>骑累</u>了。（"累"前指"他"。）

　　 b. 他<u>骑累</u>了马。（"累"指向"他"或"马"。）

（10）a. 他<u>看傻</u>了。（"傻"指向"他"。）

　　　b. 他<u>看傻</u>了眼。（"傻"指向"他"？"傻"指向"眼"？）

例（8）～例（10）中 a 句不带宾语，结果补语语义都向前指向主语名词；b 句带宾语时，结果补语语义指向会发生变化，且变化不同。例（8b）中结果补语语义顺向后指，无歧义。例（9b）中结果补语既可以前指也可

以后指，有歧义。例（10b）加上宾语后，语义指向却不明确。

1.1.1.4 同一结果补语带不带宾语，语义指向相同

（11）a. 他终于<u>学会</u>了。（"会"前指"他"。）

　　　b. 他终于<u>学会</u>了这首歌。（"会"仍然前指"他"。）

（12）a. 我想<u>死</u>了。（"死"前指"我"。）

　　　b. 我想<u>死</u>你们了。（"死"仍然前指"我"。）

（13）a. 老王喝<u>醉</u>了。（"醉"前指"老王"。）

　　　b. 老王喝<u>醉</u>了酒。（"醉"仍然前指"老王"。）

因此看出，结果补语带不带宾语其内部语义指向有的存在很大的差别，有的不发生改变，有的发生了改变。发生改变的，有的存在潜在多指的可能，但却没有歧义，而有的又有歧义，有的语义指向不明确。语义指向的内在规律是什么？找出结果补语语义指向的制约因素，得出其中最本质的制约因素，对于深化汉语动结式本体研究具有重要的理论意义。

1.1.2 动结式在机器翻译中的困境

傅爱平（2003）很早就指出机器翻译中，外语译成汉语时很难系统生成汉语的动结式译文，且机器翻译系统分析和理解汉语动结式的能力也较差。因此，将汉语的动结式翻译成英语等其他语言时也存在困难。我们随机抽取了几例不同的动结式在 google 翻译、金山词霸在线翻译中的结果，如下所示：

（14）他扫干净了地。

　　　＊He swept clean the ground. （google 翻译）

　　　He swept the floor clean. （金山词霸在线翻译）

（15）助听器爷爷已经戴习惯了。

　　　Grandpa has been accustomed to wearing hearing aids. （google 翻译）

　　　＊Hearing aid grandpa has been wearing habits. （金山词霸在线翻译）

（16）孩子哭醒了。

　　　　*Child awoke crying.（google 翻译）

　　　　*The child awoke crying.（金山词霸在线翻译）

（17）孩子哭醒了妈妈。

　　　　*Child awoke crying mother.（google 翻译）

　　　　*The child awoke crying mother.（金山词霸在线翻译）

（18）他踢坏了三双鞋。

　　　　*He played a bad three pairs of shoes.（google 翻译）

　　　　*He kicked out three pairs of shoes.（金山词霸在线翻译）

　　结果发现，两种国内目前使用范围较广的在线机器翻译系统翻译汉语动结式的错误率较高。在线翻译系统遇到这种句法语义结构不对应的语言结构时，并不能对深层语义理解加工，仍然采用表层句法结构词库对译的方式翻译，错误率极高。因此，找出动结式中补语的语义指向，判断语义指向所指成分与谓语动词之间的语义关系，对于汉语动结式的机器解读与翻译具有重要的现实意义。结果补语语义指向分析能够为动结式的机器翻译提供相应的语言学理论支撑。

1.1.3　动结式在对外汉语教学中的应用尴尬

　　对外汉语偏误研究中结果补语的偏误类型主要有回避、错序、遗漏、误代四种（梁雪艮，2008；蔺俊霞，2008；杨春雍，2005；张娜，2006；王娇娇，2010）。其中遗漏和回避使用结果补语在韩国留学生、中亚留学生以及越南留学生中所占比例最大，在泰国留学生中遗漏偏误所占比例也排在前三。遗漏和回避结果补语偏误主要集中在虚化义程度较高的"到、好、成、完"等词上，其中"到"的偏误率最高（李银京，2009；刘秀萍，2012）。

　　留学生为什么要回避使用结果补语？结果补语的使用具有一定的强制性，这个强制性的限制条件是什么？通过统计分析具体的结果补语使用的句法语义环境，探讨结果补语的深层语义关系能为我们解决对外汉语教学中的这一难题找到一条出路。

1.2　研究对象

1.2.1　结果补语与动结式

结果补语是现代汉语补语系统中的一种类型。结果补语内部有两种语义：一、表示动作或状态的结果；二、表示对动作的评价、判断（刘月华等，2001：534）。结果补语经常直接黏附在动词或少数形容词后使用，其句法表现形式为"动结式"，也叫"述结式"①。

"动结式"这一术语最早由吕叔湘（1980）提出，他将动词和补语直接黏着在一起的结构分为两种：一种补语表示趋向，叫做动趋式；一种补语表示结果，叫做动结式。而真正将动结式作为一个专题研究的是王力。王力（1943）在《中国现代语法》中提到的"使成式"是动结式的一种典型。他将"使成式"定义为具有因果关系的述语和补语的组合，后来又进一步从形式和意义两个角度对"使成式"进行界定（causative form）：形式上，及物动词带着形容词或不及物动词；意义上，一个动词性结构中同时表示出原因和结果。王力所说的"使成式"与"动结式"有很大的差别。"使成式"只是动结式的一种类型。"使成式"必须是及物动词和不及物动词或形容词的组合，且补语的语义必须指向受事。而动结式对前后两个成分的句法限制相对宽松，所指范围比使成式宽泛许多。

朱德熙（1982）从动词和补语结合的紧密程度的角度出发，把现代汉语述补结构分为黏合式述补结构和组合式述补结构两类。黏合式述补结构中补语直接黏附在述语后头；组合式述补结构指带"得"的述补结构（朱德熙，1982：125）。朱德熙所说的黏合式述补结构包括动结式和动趋式两种。陆俭明（1992）将述语和补语直接黏合的述补结构分为带结果补语的述补结构、带趋向补语的述补结构和带程度补语的述补结构三种。而施春宏（2008）、宋文辉（2007）认为动结式有广义和狭义之分，广义的动结式即指朱德熙先生所说的黏合式述补结构，狭义的动结式"局限于表示动作

---

① 由于动结式的第一个谓词可以由少量形容词充当，如"累倒、急哭"等，所以有学者将动结式称为"述结式"，如朱德熙（1982）、郭锐（1995）、袁毓林（2001）。

和结果的语义关系的黏合式述补结构"。

总体来说，学界一般将动结式界定为"带结果补语的黏合式述补结构"。我们总结出动结式具有以下几个特征：从外在形式上看，动结式是补语直接黏附在动词后的黏合式述补结构，中间不能插入其他成分；从内在构成上看，动结式由两个谓词性成分构成，前一个成分一般由动词充当，后一个成分由形容词或少数动词充当；从语义上看，前一个谓词表示动作行为，后一个谓词表示动作行为产生的结果，"致使义"是动结式的典型语义。

1.2.2 语义指向的定义和内涵

语义指向理论自产生以来便有很多种定义，主要有三种：第一，"联系"论。强调句子中某一句法结构成分与其他成分，尤其是间接句法成分之间的直接语义联系，这是语义指向研究中占主导地位的提法。主要代表人物有陆俭明（1997）、周刚（1998）、陈保亚（1999）、赵世举（2001）、宋文辉（2007）等。第二，"能力"论。主要强调某个句法成分与其他成分在语义上相联系的能力或可能性，这种观点强调语义指向存在着多指向的问题，即某一句法成分可能在语义上与多个成分有联系。持这种观点的代表学者有沈开木（1996）、卢英顺（1995）、沈阳（2008）等。第三，"方向"论。主要强调句法成分之间的语义联系是有方向的，语义指向是一种动态联系。代表人物有范晓（1992）、周国光（2006）、税昌锡（2005）等。

上述观点虽存在差异，但本质上是从不同角度分析同一问题。在对上述观点的理解上，我们认为语义指向包含以下几个内涵特征。

第一，语义指向指的是深层结构即语义上的直接联系。

第二，有直接联系的成分在句法上可能处于同一结构层次，也可能处于不同的结构层次。

第三，这些成分之间的联系有一定的方向性。

第四，某一句法成分可能在语义上与多个成分有直接联系。

第五，语义指向指句法成分之间的语义联系，属句法语义研究范畴。

1.3 理论背景

1.3.1 "语义语法"论

邵敬敏先生一直倡导建立一套"具有中国特色的汉语语法理论"，2004年他正式提出"语义语法"理论，强调语法研究的最终目的是揭示"语义的决定性、句法的强制性、语用的选择性以及认知的解释性"（邵敬敏，2004：101）。其中语义的决定作用在汉语语法研究中是举足轻重的，是语法研究的出发点和重点。在这种思想的指导下，我们以结果补语的语义指向为研究对象，通过对结果补语语义指向及其相关问题的研究补充汉语语义系统内容，构建语义理论框架。

"语义语法"的主要研究方法是坚持"两点论"，强调形式和意义的双向研究、共时和历时的双向研究、静态和动态的双向研究、事实跟理论的双向研究、描写和解释的双向研究。汉语语法组合的总纲是"汉语词语的双向选择性原则，即语言中词与词的组合不是随意的，而是由双方的选择性决定的。组合中的两个成分的地位是对等的，并非以某一个词为中心。你选择我，我选择你，从而构成一个综合选择的网络"（邵敬敏，2004：101）。"双向选择性原则"包括语义的一致性原则、语义的自足性原则和语义的决定性原则三个子原则。三个子原则分别从句法结构内部词与词之间的搭配、句法结构本身的语义需求及句法结构对外的区别性三方面说明语义的决定性作用。任何两个词语需要具有某个或某些相同的语义特征才能组配，组配后构成的句法结构在语义上须是独立的、自足的，并且一个句法结构的性质是由语义决定的，而不是形式。

语义指向主要指句子内部成分之间的语义联系，这些成分就是通过双向选择原则中的语义一致性原则建立起来的联系。我们在判断结果补语语义指向对象的时候主要运用的也是"语义的一致性"原则。

1.3.2 认知语言学的语言象似性原则

象似性（iconicity）又称"临摹性""具象性"，指语言的形式和意义之间具有相似性。"象似性"源于符号学中的象似符（icon）这一概念，最早由符号学家 Charles Sanders Peirce 提出。他将符号分为三种：形式和意义具有相似性的象似符（icon），如地图、雕塑等；形式和意义之间的相关性的引得符（index），如代表疾病的病症，蓝色条纹水兵服和水兵等；约定俗成的象征符（symbol），如交通信号灯等。Peirce 还将象似符细分为：影像符（image）、图示符（diagram）和隐喻符（metaphor）三类，其中图示符的解释力最强，表现范围最广泛（参考张敏，1998：148；李福印，2008：44；吴为善，2011：204）。

Haiman（1980，1983，1985）是第一个全面系统地研究句法象似性的学者，在他的代表作 *Natural Syntax*（1985）中明确提出"语言就像图示符"的观点，即语法里图示符的象似性（句法象似性）才是人类语言象似性的主要形式。认知语言学认为，最主要的象似性原则有三条（王寅，2011）：数量象似性（quantity iconicity）、距离象似性（proximity/distance iconicity）、顺序象似性（sequene/lineality/order iconicity）。在体现自然语序的无标记句 SVRO 和 SVR 中，指物式结果补语 R 的语义指向总是受距离象似性原则影响。

Givón（1990）将距离象似性原则称为"相邻原则（the proximity principle）"，即"在功能上、概念上或认知上更接近的实体在语码的层面也放得更近"。而 Haiman（1985）将其表述为："语言成分之间的距离反映了所表达的概念成分之间的距离。"也就是说结构形式距离是对概念意义距离的临摹。结构形式距离在句法表层体现为线性距离，但不简单地与线性距离对应：两个概念成分之间成分的独立性越强、两者之间的组合方式越松散、结构树上跨越的节点越多，形式距离越大（张敏，1998）。我们用距离象似性原则来解释结果补语语义指向在自然语序中表现出的一般规律。

1.3.3 "焦点-背景"（Figure-Ground）理论

"焦点-背景"（Figure-Ground）理论，也叫做"图形-背景"理论，源于心理学，由丹麦心理学家 Rubin 提出，其"脸与花瓶幻觉图"是描述人类在视觉感知时遵循"焦点-背景分离原则"的经典实验，后被完形心理学家 Koffka 借鉴，并运用到知觉组织研究中。而后认知语言学家 Talmy（2000a）将完形心理学思想引入语言学研究中，将其放在概念结构系统的"注意观"（attention）框架中研究。Talmy 认为焦点是需要定位的概念，而背景是为其他概念定位的概念，这对概念可以是空间中相关的两个实体，也可以是时间的、因果的或其他情景中的两个事件（Talmy，2000a：311）。他认为焦点和背景具有不同的本质特征和联项特征。焦点的本质特征是"未知、不确定"，背景则是"已知的"。背景经常被用来当做焦点的参照点，用其具备的已知特征去描述焦点的未知特征。焦点的联项特征包括可动、较小、较简单、新信息、不易预料、受到较多关注、不易立刻被感知、凸显程度高、依赖性强等；背景的联想特征包括较稳定、较大、较复杂、较熟悉、容易预料、受到较少关注、较易立刻被感知、凸显程度低、独立性强等（Talmy，2000a：315~316）。在确定焦点和背景时起决定作用的是本质特征，联想特征只起辅助作用。

Langacker 则把"焦点-背景"理论放在"视角"的理论框架内研究。Langacker（1987，1991）使用"射体"（trajector）和"界标"（landmark）来阐释焦点和背景的关系。射体表示任何关系结构中的焦点或最为凸显的成分，界标指的是结构中的其他实体。情境中的焦点在感知上比其他部分更能吸引人们的注意力，并且作为一个中心实体特别地凸显（Langacker，1987：120）。

总之，认知语言学认为，焦点是人们认知事物中的凸显部分，背景起衬托作用，凸显的部分作为认知参照点来激活非凸显的实体。认知参照点的选择是动态的，因说话人认知视角的转变而发生变化，焦点和背景甚至可以互换。一般情况下，凸显的成分优先表达或通过有标记的句法位置来显示。认知语言学"焦点-背景"理论的凸显原则可以用来系统地解释句法的多样性。我们将用它来解释汉语动结式句式分布的多样性及特异语序中结果补语语义指向表现出的规律。

1.4 研究思路

我们基于真实文本语料库（BCC 语料库和《汉语动词-结果补语搭配词典》），对结果补语语义指向维度进行梳理，从语义指向角度考察汉语动结式句法语义的互动关系；运用标记理论、语言象似性原则、经济性原则找出不同维度下结果补语语义指向的一般规律并解释其规律性，进而制定结果补语语义指向计算机识别策略和流程，具体包括以下三个方面。

第一，结果补语谓词计量统计。统计《现代汉语词典》（第6版）中能够充当结果补语的所有单音节形容词，同时尽可能多地收集能够充当结果补语的动词及双音节形容词，然后辅以 BCC 语料库的真实语料，对结果补语进行计量统计，并提出统计标准。

第二，结果补语语义指向多维考察。充分利用海量真实文本语料库（CCL语料库和《汉语动词-结果补语搭配词典》）分别从结果补语语义指向对象、指向方向、指向数量和指向范围四个维度，通过数理统计的方法考察结果补语的语义指向规律及其制约因素，与此同时探讨结果补语深层语义与动结式表层句法结构之间的互动关系，并从认知的角度解释各种规律。

第三，制定结果补语语义指向的计算机识别策略与流程。根据不同维度下结果补语语义指向的一般规律，绘制结果补语语义指向计算机识别流程图，利用真实文本对流程图的使用与限制加以解释、说明。

1.5 研究方法

我们基本是在问题驱动下，遵循"描写与解释、共时与历时、共性与个性、定量和定性相结合"的原则，主要运用以下几种方法。

1.5.1 "问题驱动"法

我们主要通过语义指向分析法帮助计算机或汉语非母语者解读动结式，具体包括：结果补语语义指向的制约因素、语义指向与动结式句式分布的互动关系以及基于规则的结果补语语义指向的计算机识别等问题。

1.5.2 定量统计与定性分析相结合

我们坚持以一定规模的语料为分析对象，以确保语料的真实性和结论的可靠性。定量统计与定性分析结合的方法主要运用在两方面。

首先，对《现代汉语词典》（第6版）中所有能够充当结果补语的单音节形容词的成词义项进行穷尽式考察统计分析，同时尽可能多地收集能够充任结果补语的动词和双音节形容词，建立结果补语谓词库。我们分别从形容词、动词角度提出结果补语选择谓词的语义标准；同时坚持定量统计和定性分析相结合的方法，提出结果补语选择谓词的形式鉴别标准，总结出结果补语选择谓词的规律，并从认知语言学的角度解释结果补语选择谓词的机制。

其次，对《汉语动词–结果补语搭配词典》中收录的所有动结式，共计4129 条真实语料的语义指向问题、句式分布问题进行统计分析，通过理论推理与真实语料相互验证的方式考察汉语动结式的句式分布与结果补语语义指向的互动关系，并揭示其中的规律。

1.5.3 新描写主义研究法

以新描写主义研究法为主要方法，运用认知语言学原型范畴、语义双向选择等理论从深层语义的角度对结果补语的语义指向对象，从表层句法的角度对结果补语语义指向范围、指向方向、指向数量及结果补语语义指向与句法分布之间的互动关系进行深度刻画与精细描写。

1.5.4 语义推演与形式验证相结合

在讨论结果补语谓词的计量标准时，提出语义标准的同时找出各语义条件的形式鉴别标准，做到形式与意义相结合。在描写的过程中，注重从构成成分的词汇语义特征观察整个句法结构形成的基础，从真实语料中的句式分布反过来推理与验证结果补语语义指向与其句式分布之间的互动关系。

1.5.5 描写与解释相结合

我们的主要目的是找出结果补语语义指向的制约因素，得出语义指向的一般性规律。在对结果补语语义指向规律进行描写的同时，运用认知语言学的"距离相似性""凸显原则"等原理解释结果补语语义指向的规律特征。在整个研究的过程中，我们始终坚持将深度描写与认知解释相结合的理念，以挖掘语言事实内部的动因。

1.6 语料来源

语料主要来自北京大学中国语言学研究中心语料库（CCL）、北京语言大学 BCC 语料库和其他学术论著中的典型用例。CCL 语料库、BCC 语料库和《汉语动词–结果补语搭配词典》中的例句标明具体出处，未标明出处的均来自学术论著中的经典例句及个人自造句，在此一并说明。

2 结果补语语义指向相关研究现状

结果补语语义指向研究涉及动结式、语义指向两个核心概念，我们分别从动结式、语义指向和结果补语语义指向三方面阐释研究现状。

2.1 动结式研究现状

2.1.1 动结式的界定与分类

现代汉语研究中人们一般把动词带结果补语的形式称为"动结式"。最早提出"动结式"这一术语的是吕叔湘。吕叔湘（1980）在《现代汉语八百词》中提到"有两种短语式动词需要特别提一下：一类是主要动词加表示趋向的动词，可以叫做动趋式；一类是主要动词加表示结果的形容词或动词，可以叫做动结式"。而有关动结式最初的研究，罗思明（2009）将其追溯到黎锦熙（1924）《新著国文语法》中关于形容词附加语的讨论，如"你要说'明白'，他们才可以听'明白'"。石慧敏（2011）认为动结式研究始于吕叔湘（1942）的《中国文法要略》中关于致使句的"致动义"的分析。

真正将动结式作为一个专题研究的是王力。王力（1943/1985）在《中国现代语法》中提到的"使成式"是动结式的一种类型，并将"使成式"定义为"凡叙述词和它的末品补语成为因果关系者"，后来又修订为"使成式（causative form）是一种仿语的结构方式。从形式上说，是外动词带着形容词（'修好'，'弄坏'），或者是外动词带着内动词（'打死'，'救活'）；从意义上说，是把行为及其结果在一个动词性仿语中表示出来。这种行为能使受试者得到某种结果，所以叫做使成式"。但是王力所说的"使成式"与"动结式"之间有很大的差别。"使成式"只是动结式的一种类型。"使成式"的前一个动词必须是及物动词，后一个动词是不及物动词或形容词，补语的语义必须指向受事。而动结式对动词和补语谓词的性质却没有限制，所指范围比使成式宽泛许多。

朱德熙（1982）从动词和补语结合的紧密程度的角度出发把现代汉语述补结构分为黏合式述补结构和组合式述补结构两类。"黏合式述补结构指补语直接黏附在述语后头的格式，例如：抓紧、写完、煮熟、写上、走回去。组合式述补结构指带'得'的述补结构，例如：走得快、抓得紧。"朱德熙所说的黏合式述补结构包括吕叔湘所说的动结式和动趋式。

结合前人的研究及我们的研究目的，我们将动结式界定为吕叔湘先生所说的动结式，也就是朱德熙先生所说的带结果补语的黏合式述补结构。我们认为动结式具有以下三个特征：从外在形式上看，动结式是补语直接黏附在动词后的黏合式述补结构，中间没有其他成分；从内在构成上看，动结式是由两个谓词成分构成的结构，前一个成分一般由动词充当，后一个成分由形容词或动词充当；从语义上看，前一个谓词表示动作行为，后一个谓词表示动作行为产生的结果。

2.1.2　动结式的起源研究

动结式的起源研究主要是动结式产生的时间研究。目前关于动结式产生的时间研究主要有以下四种观点（梁银峰，2006；李晓东，2008；罗思明，2009；石慧敏，2011）。

2.1.2.1　"先秦"说

持此观点的代表学者有周迟明（1958）、潘允中（1980）等。周迟明（1958）以"扑灭""博而杀之"为例说明使动式在周代已经萌芽。但此观点遭到太田辰夫（1987）、王力（1958）、赵长才（2000）、梁银峰（2006）的反对。

2.1.2.2　"汉代"说

持此观点的代表学者有王力（1958）、祝敏彻（1963）等。王力（1958）认为"使成式产生于汉代，逐渐扩展于南北朝，普遍应用于唐代"。

2.1.2.3 "六朝"说

持此观点的代表学者有志村良治（1984）、梅祖麟（1991）、蒋绍愚（1999）、吴福祥（2000）等。志村良治（1984）以"愁杀"为形式标志来判断动结式产生的时间，认为"使成复合动词产生于中古时期（魏晋南北朝到唐末），一部分在中古初期就成为使成复合动词，到唐代普遍使用"。

2.1.2.4 "唐代"说

持此观点的代表学者有太田辰夫（1987）。他认为动补结构产生的时间最迟在唐代，将古今汉语中都是自动词的词"杀、死"作为形式标志来判定动结式产生的时间；认为在"及物动词+纯粹的不及物动词"格式出现的时候，才可以确定动补结构的产生。

2.1.3 动结式的来源及形成机制研究

志村良治（1984）认为使成复合动词经历了"词义并列性消失、复合词的单词化、第二音节的助词化"三个阶段。梅祖麟（1991）认为，动结式复合词源于"施事者+他动词+他动词+受事者"和"受事者+他动词+自动词"两个句型。梅祖麟认为动结式产生的动因为：清浊别义的衰落；使成式的衰落；隔开式动补结构的产生；"动+形"式复合词的产生。蒋绍愚（1999）认为动结式的形成有三条途径：使动用法的减少；通过"Vt+Vt+O"转变而来；通过"V+C+O"转变而来。

石毓智（2003）分别从语法化、双音化趋势讨论动结式的形成动因；冯胜利（2002）从韵律句法、核心转移的角度，吴福祥（2002）从语法化的角度探讨动结式的形成机制。梁银峰（2006）认为使成式的衰落、双音节化是动结式产生的重要原因。本部分内容不是我们的讨论重点，在此不再详述。

2.1.4 动结式的句法语义研究

动结式本体研究中所占比例最大的就是动结式的句法语义考察分析，动结式的动语和主语之间的语义关系复杂，各构成部分的语义特征及补语的语义指向制约着整个动结式的句法功能，反过来动结式的句法特征也会影响其语法意义及语义指向。动结式作为一个整体，其句法研究包括动结式的核心研究、动结式的配价研究、动结式的句法投射研究三个方面；语义研究包括动结式整体的语义类型研究、动结式中结果补语的语义特征描写研究、动结式内部对补语的选择限制研究。

2.1.4.1　动结式的句法研究

第一，动结式的核心研究。

动结式的核心研究盛行于动结式研究早期，最初一直存在两种对立的看法。一种认为前项动词是核心成分，后项补语是从属成分，代表人物有张志公（1952）、朱德熙（1982）、丁声树等（1961）等。沈家煊（2003）运用 Tamly 的词汇化理论，也认为带形容词补语的动结式的核心语是述语而不是补语。另一种认为动结式的核心在后，动词修饰补语。代表人物有赵元任（1968）、李临定（1984）、马希文（1987）、詹人凤（1989）等。戴浩一等（1990）从认知的角度论证了汉语动结式的语义中心是结果补语。还有人（任鹰，2001）认为动结式有的是动词为核心，有的是补语为核心。也有研究表明，早期的争论没有分清动结式的结构核心和语义核心问题（范晓，1985；袁毓林，2000）。我们赞同沈家煊、袁毓林的看法，认为"动结式的句法核心在动词，语义核心在补语，句法和语义不平衡"（袁毓林，2000）。

第二，动结式的配价研究。

朱德熙早在 1982 年就讨论了动结式带宾语的问题，认为动结式能否带宾语跟述语动词没有必然联系。李小荣（1994）、王红旗（1995）、陈颖（2002）、宋文辉（2004a）认为动结式能否带宾语跟结果补语的语义指向有关。黄锦章（1993）认为动结式的配价与述语和补语的论元数有关。郭锐（1995）在黄锦章研究的基础上认为，论元角色性质的不同，直接影响着动结式的配价。袁毓林（2001）认为述结式的配价跟其构成成分的配价之间没有直接的对应和折算关系。

第三，动结式的句法投射研究。

动结式的句法投射研究主要指动结式所分布的句式研究。李临定（1980）认为动结式构成的句式有五类：SVC（如：你长胖了）；SVOVC（如：他喝酒喝醉了）；SVCO（如：他听懂了我的意思）；SVO1VCO2（如：

你写通知写落了一个字）；S把O1VCO2（如：钉子把我的衣服划破了一个口子）。马希文（1987）讨论了与动结式有关的9种句式；范晓（1987）认为动结式作谓语只存在于"S-VR-O"和"S-VR"两种句式中，根据O的隐现及其在表层结构中的配置问题，呈现多样化，主要句式有十种。王红旗（2001）考察了动结式在把字句和被字句中的分布情况，认为动结式句式的选择受补语语义指向影响。宋文辉（2004b）则讨论了动结式在核心句、重动句、把字句、被字句、话题句中的分布限制。施春宏（2015）认为句法生成过程中多重界面的互动制约导致动结式在相关句式群中的不对称分布，并借此描写动结式的生成机制与约束条件。

2.1.4.2　动结式的语义研究

第一，动结式语义特征研究（使成式、致使关系）。

动结式由中心语和结果补语两部分构成。中心语表示动作或行为，结果补语表示的是动作的结果，两者之间是一种因果关系，先因后果。它们具有不同的语法意义和功能，两个成分之间具有一定的并立性，即都是谓词性的（刘街生，2006）。一般认为，动结式的补语表示动作或变化引起的结果。范晓（1985）将结果义分析得更细致，认为一般所说的结果补语包含三种意义：动作的结果，如"冻坏，喂肥，逗笑"等；动作的程度，如"吃多，穿少，来晚"等；动作的态（情貌），主要是虚化补语，如"到、着、住、上、完"等。吕文华（1987）也认为结果补语不只是表示动作或变化的结果，有的还是"对动作的描述"，有的还是"表示动作的程度"。王红旗（1996）在范晓的基础上对这三种语义进一步细化：（1）表示动作或变化所造成的相关人或物出现的新状态或动作本身出现的新状态，为状态补语；（2）表示对动作、受事或结果的评价，为评价补语；（3）表示动作有结果，称作结果补语。

范晓等先生发现了动结式内部不同质的问题，如"来晚"中的"晚"并不是对"来"的程度的描写，而是对动作发生的时间的描写；第（3）类虚化的结果补语内部也是不同质的，有的可以表示情貌，同时还能表示结果。王红旗的分类是对动结式的不同类别的命名。

罗思明（2009）、詹卫东（2013）从事件结构理论的角度分析了动结式表达的语义。詹卫东（2013）认为，述结式的成立需要满足三个条件：V1

有动作行为义或状态义，V2 有状态义；V1 和 V2 各自代表的两个事件存在"原因—结果"关系；V1 原因事件和 V2 结果事件之间的语义距离要适当，不能过近，也不能过远。罗思明（2009）认为动结式表示的是"一个使因事件及其引发的一个结果事件整合而成的复杂事件"，"致使义"是动结式表达的典型语义。上述观点与王力先生所说的"使成式"所表达的意义一样，但是动结式的语义并不限于"致使义"。陆俭明（2001）曾指出动结式的补语可以表示"结果的实现"和"结果的偏离"两种语义。罗思明（2009）、詹卫东（2013）认为"结果的偏离"是一种非典型的动结式，表达的是"评价"义。

从前人的研究中，我们发现典型的动结式表达的是一种"致使"义，是由一因一果两个子事件构成的复合事件结构，其中结果补语表示与动作相关的人、物、事发生了新变化；非典型动结式表达的是"评价"义，"行为"和"状态"之间的致使义减弱，凸显对"行为"或"状态"的评价。

第二，动结式内部对补语的选择限制研究。

语法研究者习惯把动结式中述语和补语之间的选择限制看作单纯的语义问题，认为"述语和补语的组合是极其自由的"（朱德熙，1982），只要是语义上可以搭配的述语和补语，就都可以形成合法的动结式。同一个动词可以灵活地选择不同的补语，同一个补语也可以方便地选择不同的述语动词。石毓智（2003）认为，述补结构是一个高度能产的句法结构，"原则上允许任何具有意义的'动'和'补'搭配"，但很多学者持反对意见。

王红旗（1993）认为谓词和补语的组合不是自由的，谓词充当结果补语受充当结果补语语义指向的体词的语义特征及述语和结果补语语义指向之间的"影响"关系两方面的限制。"当补语的语义指向为施事时，结果补语谓词不含有与述语谓词的词义相一致的语义特征"，"只有当结果补语的语义指向为非施事时，结果补语谓词才可能有与述语谓词的词义相一致的语义特征"。

辛永芬（2003）收集到的能够作结果补语的动词有 120 多个，且都是表变化的非自主动词。该文根据补语语义指向的不同对这些动词进行了分类。

王砚农等（1987）收集了 322 个经常作结果补语的形容词、动词。马真、陆俭明（1997a）根据《形容词用法词典》考察的能够充当结果补语的形容词主要是单音节性质形容词，共 153 个，双音节形容词 63 个，共计 216 个。王红旗（1995）考察的可以作结果补语的谓词共有 351 个。于婷婷（2011）根据现代汉语述补结构用法数据库考察的可作结果补语的谓词共有 372 个。《现代汉语语法信息词典详解》中收录的能够作补语的动词有 156 个，形容词有 262 个。

从前人的研究中我们了解到：现代汉语动结式中充当结果补语的主要是形容词和少数动词。形容词的选择受其语义及音节的限制，主要是单音节性质形容词，不排除少量双音节性质形容词。但是现有研究对充当结果补语的动词的特征研究不够深入，这些动词内部有没有差别，对动结式的句法语义的影响是什么？为什么最初充当结果补语的是动词，而后形容词却占主流？对充当结果补语的词性的各种特征只是简单的语义描写，没有解释说明，为什么只有部分双音节形容词能够充当结果补语，而其他的不行？也没有说明为什么有的单音节性质形容词又不能充当结果补语，如"差、陈、次、毒、旱、挤、假、静、灵$_2$、妙、遭、帅、素、新、艳"？

2.1.5 动结式研究的新方向

动结式研究的新方向主要表现在动结式的类型学研究和动结式与计算语言学的结合研究两方面。

动结式的类型学研究，主要表现在动结式与其他语言，尤其是英语的对比研究。沈家煊（2003）运用 Talmy 的框架语义学理论论证了汉语动补结构是动词为核心的"附加语构架语言类型"，但并不典型。罗思明（2009）运用构式语法理论从汉英对比的角度探讨了汉英动结式的句法语义特征，并通过语篇考察对汉英动结式进行了认知功能阐释。殷红伶（2011）则运用概念框架理论讨论了汉英动结式中致使对象在动作概念过程中不同参与者的重合类型、不同的重合潜能与动词语义关系等问题。

动结式与计算语言学的结合研究，主要表现为动结式的计算机识别、解读与翻译研究。这方面的研究是当前动结式研究的一个新方向，也是较难攻克的一个难题。傅爱平（2003）很早就提出了相关问题，但到现在取得的研究成果相对较少。目前汉语动结式的计算机识别与解读研究的代表人物是北京大学中文系的詹卫东。詹卫东（1997，2013）在事件语义结构理论框架下描述了动结式的语义框架，从句法、语义、语用三个层面分析了两个谓词构成述结式的条件，提出了计算机识别述结式的方法。此后马腾、詹卫东（2013，2014）进一步探讨了述结式计算机识别时语义相关度的计算方法等问题。

2.2　语义指向研究现状

语义指向分析是 20 世纪 80 年代中国汉语语法研究出现的一种新的语义分析法。它是在国外格语法、配价语法、生成语义学、切夫语法的影响下发展起来的，为解决汉语语义结构关系和句法结构关系的不一致提出的，是土生土长的汉语语法理论。其能够分化某些歧义结构，解释汉语中部分句法结构与语义结构不对应的现象，在结构主义一统天下的局面下为汉语研究开辟了一个新的方向，受到学者青睐。语义指向自出现以来，其研究成果呈现出两条明显的主线：语义指向理论本体的构建；语义指向分析方法的运用。从某种程度上说，这两条主线也一直是交织向前发展的，即语义指向理论是在对具体句法成分的分析中发展起来的，语义指向分析法的运用、语义指向规律的提取是与变换分析法、语义特征分析法及配价语法紧密结合的。这里我们将从以上两个方面对语义指向研究现状进行梳理。

2.2.1　语义指向理论本体的构建

2.2.1.1　语义指向的起源

对语义指向分析的起源目前存在以下四种不同看法。

第一，沈开木（1996）认为语义指向由动词意义的"指向"演化而来。"指向"是吕叔湘对沈开木（1983）一文审稿时提出来的。后来，邵敬敏（1987）提出"语义指向"这一术语。

第二，陆俭明（1995）认为语义指向分析产生于 20 世纪 80 年代，胡树鲜（1982）《两组副词的语义特点及其多项作用点》一文中已有萌芽，沈开木（1983）首次提到语义关系上的指向，刘宁生（1984）第一次完整使用"语义指向"这一术语。

第三，周刚（1998）认为语义指向的源头可以追溯到 20 世纪 60 年代，文炼（1960）、李临定（1963）两篇文章中的"说明"是语义指向的萌芽。

吕叔湘（1979）第一次明确提出了"在语义上 A 指向 C"的说法。

第四，赵世举（2001）认为语义指向分析思想可追溯到《马氏文通》。赵元任在 20 世纪 60 年代提出的"谓词性补语"的概念，也与语义指向思想一致。税昌锡（2005）在综合前人研究的基础上，将语义指向分析的发展分为三个阶段：第一个阶段是从《马氏文通》的出版到 20 世纪 50 年代，是语义指向分析的朦胧阶段。王力（1943/1985）用"指明""指示"等概念来说明"都、只"等副词的语义所联系的对象。第二阶段是从 20 世纪 60 年代初到 80 年代初的萌芽阶段，出现了文炼（1960）、李临定（1963）的"说明"说，吕叔湘（1979）、沈开木（1983）的"指向"说，胡树鲜（1982）的"作用点"说，刘宁生（1984）、邵敬敏（1987）的"语义指向"说。第三阶段是从刘宁生（1984）首次使用"语义指向"术语，经由邵敬敏（1987）从方法论上对 20 世纪 80 年代语义指向引入副词研究所取得的新突破的评述到现在，"语义指向"这一术语连同语义指向分析方法得到学界广泛认同，这说明语义指向分析作为一种有效的分析手段正式确立，进入探索期。

以上四种意见税昌锡（2005）的论述最全面，追溯了语义指向分析产生前的朦胧阶段和萌芽阶段，全面列举分析了"语义指向"正式提出前的各种相关论述，基本上厘清了"语义指向"的起源，我们不厌其烦地在考证的基础上重复一遍。

语义指向理论萌芽于 20 世纪 60 年代的"说明"说，吕叔湘先生于 1979 年开始使用"在语义上 A 指向 C"的说法；1982 年胡树鲜提出了"作用点"的说法；1983 年沈开木有关副词"不"和"也"的研究开始充分运用"指向"这一术语；1984 年刘宁生首次提出"语义指向"这一术语。1987 年邵敬敏在《八十年代副词研究的新突破》中指出"由于副词的语义指向变化而产生的歧义特点及其形成条件、分化的方法，是一个十分吸引人的研究课题"，1990 年在《副词在句法结构中的语义指向初探》一文中提出"指""项""联"等与语义指向相关的概念，运用这一理论和方法对副词"又"和"比字句"进行分析，从方法论上发展了"语义指向分析法"。至此，语义指向研究引起了国内很多著名学者的关注，进入了一种蓬勃发展的研究状态。

2.2.1.2　语义指向的定义和内涵

语义指向研究自产生以后得到陆俭明、沈阳、邵敬敏等先生的倡导与支持，也一度于 20 世纪 90 年代至 21 世纪头十年成为语法研究的热点。但关于语义指向的定义却有多种提法，主要表现为以下三种。

第一，联系论。

语义指向"联系论"主要强调句子中某一句法结构成分与其他成分，尤其是间接句法成分之间的直接语义联系，也就是说，表层结构中的两个或多个成分（尤指间接组成成分）在深层结构中语义上的直接联系。这是当前语义指向研究占主导地位的提法，主要代表人物有陆俭明、邵敬敏、陈保亚、周刚、陈昌来、宋文辉、税昌锡等。

陆俭明（1997）认为语义指向就是指句中某一成分在语义上跟哪个成分直接相关。通过分析句中某一成分的语义指向来揭示、说明、解释某一语法现象，这种分析手段就称为语义指向分析法。

周刚（1998）认为语义指向就是指句子中某成分跟句中或句外的一个或几个成分在语义上有直接联系，其中包括一般所认为的语义辖域。运用语义指向来说明、解释语法现象，就称为语义指向分析。

陈保亚（1999）把语义指向看成和句法直接成分一样的初始概念，是语义结构中语义成分之间的直接的联系。

赵世举（2001）认为语义指向指的是某一结构成分在语义上与哪个结构成分直接发生联系。

宋文辉（2007）认为语义指向是句子中处于不同组合层次上的两个成分之间的一种隐含的非结构性的语义关系。

第二，能力论。

语义指向"能力论"主要强调某个句法成分与其他成分在语义上相联系的能力或可能性。这种观点主要强调语义指向存在多指向的问题，即某一句法成分可能在语义上与多个成分有联系。持这种观点的代表人物有沈开木、卢英顺、沈阳等。

卢英顺（1995）认为语义指向指的是句法结构的某一成分在语义上和其他成分（一个或几个）相匹配的可能性。

沈开木（1996）认为语义指向是指一个词指向它的对象的能力或特性。

沈阳（2008）认为语义指向是指结构中某个句法成分与另外若干个句法成分之间存在语义联系的可能，而事实上又只存在其中某一种语义联系的语言现象。

第三，方向论。

语义指向"方向论"主要强调句法成分之间的语义联系是有方向性的，是一种动态联系。代表人物有范晓、周国光等。

范晓、胡裕树（1992）认为语义指向是指词语在句子里在语义平面上支配或说明的方向。

税昌锡（2004）认为语义指向反映的是句法成分在语义平面的动态指归性。

周国光（2006）认为在句法结构中，句法成分之间具有一定方向性和一定目标的语义联系叫做语义指向。句法成分的语义联系的方向称为"指"，句法成分的语义所指向的目标叫做"项"。

2.2.1.3　语义指向的研究范围

一直以来，关于语义指向的研究范围存在着宽严两种观点。持宽式观点的代表人物有詹人凤、沈阳、税昌锡等。宽式观点内部又有两种不同的意见。

一是詹人凤的观点。詹人凤（2000）认为凡有语义联系（包括词语组合而形成的语法意义）的结构体都可以进行语义指向分析，包括主谓结构内部的表述关系、述宾结构内部的支配关系、联合结构内部的联合关系、偏正结构（含述补结构）内部的限定关系、都包含在语义指向分析的范围之内。

二是沈阳的观点。沈阳（2008）认为："广义的'语义指向'既包括国外语义研究中所重视的'语义所指（Co-reference）'问题，也包括汉语语法学研究提出的'语义指向（Orientation）'问题。"前者重在研究两个成分之间的"相同"关系，后者侧重两个成分之间的"相关"关系。沈阳（2004）将广义的语义指向研究范围分成四大类：一是"动—名成分支配指向"（典型的如动补结构中述语动词、补语动词与名词的语义指向）；二是"名—名成分同指指向"（典型的如反身代词、人称代词、空主语等成分与名词的语义指向）；三是"饰—中成分指派指向"（典型的如状语副词、定语形容词与中心语动词或中心语名词的语义指向）；四是"缺省成分找回指向"（典型的如省略主语和省略宾语与上下文中名词的语义指向）。其中第一类和第三类研究的是两个成分的"相关"关系，是汉语语义指向重点研究的范围。

虽然语义指向分析法是在格语法的影响下产生的，但是很多学者并不主张将动词和名词之间的格关系纳入"语义指向"的研究范围，他们主要持严式观点。严式观点内部也有差异，主要表现为以下三种。

一是以陆俭明（1997）为代表的观点。其主张语义指向侧重研究补语、修饰语（特别是状语）、谓语三种句法成分。范晓、胡裕树（1992），卢英顺（1995），王红旗（1997）也持相同观点。不过，王红旗（1997）将谓词的范围限定得更为严格一点，主要指复谓结构中的第二个谓词性成分。

二是以周刚（1998）为代表的观点。其主张语义指向分析着重于句法关系和语义关系不一致的语法现象，即主要考虑句法上非直接成分之间所发生的语义上的直接联系。宋文辉（2007）也持同样的观点。

三是沈开木（1996）的观点。沈开木认为"在现代汉语里有'语义指向'的词语只有'不''也''都''全'等几个"。

从语义指向理论研究的系统性和共同性、深度和广度的拓展角度来看，沈阳所论述的语义指向的研究范围更为合理。他将语义指向分为广义和狭义两种情况，使语义指向的研究范围更为明确，足够广泛，并能与国外语义学研究自然衔接起来，使语义指向理论作为一种独立的研究分析方法更为系统，更有自己的解释力，而不仅仅囿于汉语句法语义研究范围。他所指的狭义的"语义指向"的研究范围即以陆俭明为代表的严式语义指向的研究范围。从狭义语义指向的研究范围来讲，我们赞同陆俭明的看法，但是我们认为周刚所强调的"句法上非直接成分所发生的语义上的直接联系"更具研究价值。也就是说，我们赞同沈阳关于语义指向研究范围的论述，陆俭明为代表的语义指向研究范围只是狭义语义指向的研究范围，而在狭义语义指向的研究中，周刚所论述的语义指向的研究范围更值得我们考察研究。

2.2.1.4　语义指向的分析原则和判定方法

语义指向的分析原则和判定方法是具体运用语义指向分析法研究的内

容。作为语义指向分析法的方法论部分，现有研究主要从两个角度来探讨。一是纯理论的探讨，二是结合某一具体句法成分的语义指向分析。

第一，语义指向分析原则与方法的理论探讨。

周国光（2006）专门讨论了语义指向的分析原则与具体方法。该文认为"以词语间的词汇语义兼容关系和次范畴间的句法语义兼容关系为依据来确定句法成分的语义指向是最基本的原则"。此外还存在一些辅助原则，其中"焦点信息原则是确定多指成分的具体指向的原则"，共存原则"可以确定有指成分的潜在的被指成分"。该文还结合实例讨论了几种确定语义指向的方法：成分分解-组配法、消元法和换项法、移位法和对比法。

周刚（1998）提出用句法形式来验证语义指向，指出可以通过考察句子中的标志词、句子的语序、句子的格式、句子的变换形式来确定某一成分的语义指向。此外，周刚认为语义指向分析可以从静态和动态两个角度分析，两者之间的区别在于是否考虑语境。

税昌锡（2005）将判断语义指向，尤其是多项成分语义指向的原则归纳为：语境制约原则、语义制约原则和就近选择原则。

沈阳（2004）认为目前判断语义指向主要依赖的是"语义选择搭配"，即"词语意义的分析，也没有离开人的语感分析"。

陆俭明（1997）从科普的角度说明了语义指向描写分析的方法：是前指还是后指（语义指向的方向）；是指向句内成分还是句外成分（被指成分的句法位置）；指向名词性成分还是谓词性成分还是指向数量成分（被指成分的性质）；指向名词性成分是指向动词的施事、受事还是工具、处所还是别的成分（被指成分的语义角色）；对被指成分有什么特殊要求。

第二，结合某一具体句法成分的语义指向判定原则与方法分析。

丁凌云（1999）提出了确定定语语义指向的标准，一是考察句子的变换形式，二是利用语义特征分析。蒋静忠（2008）在丁凌云研究的基础上提出了判定形容词定语语义指向对象的三个原则：语义特征匹配原则、顺向指向优先原则和施事主语优先原则。

卢英顺（1996）提出副词"只"的语义指向判定原则为：话题优先原则和邻近原则。

于婷婷（2011）专门探讨了动结式中补语语义指向的判别条件，包括补语的语义特征、述语动词的语义类别、述语和补语的配价性质、句式四个因素，这四个因素在语义指向判断中的重要性是依次减弱的。

冯文贺（2013）在讨论复合名词短语 N1AN2 结构中 A 的语义指向时认为"提问与最佳答案是确定语义指向的基本原则，加'的'和组合测试是验证形容词语义指向的辅助手段"。

从现有的研究中，我们可以看到，语感（也有人将之称为语义兼容关系、语义特征匹配原则、语义特征等）是判断语义指向的决定性因素，同时包含就近选择原则和语境等因素。但是对于缺乏语感的人或计算机来说，怎样判断两个成分之间语义搭配的可能性或兼容性到目前为止还没解决。

2.2.1.5 语义指向的指向方式（模式）

语义指向研究中一项重要的描写内容就是语义指向的指向方式，包括语义指向的方向性描写。

尹世超（1988）把结构关系与语义指向不对应或不完全对应的情况分为五种类型：反向式、同向差式、单复式、层次差式和内外差式，各种类型又分若干小类，共分出 16 个小类。

邵敬敏（1990）更是提出了"指""项""联"等全新的概念去表述语义指向分析中的被指成分方向或方式、数量及语义联系对象。

赵世举（2001）在探讨定语的语义指向时，认为语义指向可以从指向、指域和指量三个角度来分析，其中指向分为前指、后指、隐指和曲指四种类型；指域分为内指、外指；指量分为单指和多指。

税昌锡（2005）将语义指向的指向类型分解得更为细致、全面。他提出了前指和后指、顺指和逆指、邻指和隔指、专指和兼指、强指和弱指、单指和多指、显指和潜指、内指和外指、独指和复指、同指和异指十组概念来描写分析语义指向的结构模式，即指向方式。由于这类分析过于细致，很多概念区分度不高，在以后的语义指向研究中运用这些概念的研究较少。

2.2.1.6 语义指向的指向规律解释研究

语义指向规律的解释是语义指向理论与其他理论的综合研究，现有语义指向规律的解释主要是与转换生成语法、认知语法、优选论、语法化、概念整合理论等的综合。

沈阳（2008）曾指出语义指向现象可以用不同的理论原则来分别解释，

也可以在不同的分析层次上来解释，大致包括通过词汇语义（语感判断）、成分移位（结构变换）、句法生成、逻辑语义四个层次来分析和解释语义指向现象。沈阳（2008）还指出，崔希亮教授用物象背衬理论解释名词和方位词组的语义指向；李艳惠教授运用空语类理论解释空语类与显性成分语义所指；程工教授运用约束理论解释反身代词"自己"与先行词的语义所指；潘海华教授运用焦点量化理论解释副词"都""每"的修饰性语义所指。

蒋静忠（2009）认为造成形容词定语逆向指向的认知动因为：为了追求经济及为了满足某种特殊的表达需要。而实现形容词逆向指向的操作方法包括词汇化操作和关系化操作。

李晓东（2008）在优选论的框架下讨论了确认补语语义指向的方法，认为制约结果补语语义指向的因素包括：次语类制约/语义匹配制约>定指度制约>生命度制约>标记制约>近距制约。这些制约条件的重要性由左到右越来越弱。

石慧敏（2011）虽然没有直接论述语义指向与概念整合理论之间的关系，但是其从语义指向的角度对动结式进行分析，分析了语义指向的不同造成的动结式不同的整合方式及整合的程度。从她的研究中我们得到启示：结果补语的语义指向的不同跟充当补语的谓词的语法化程度、概念整合程度的高低密切相关。

杨大然、周长银（2013）认为动结式补语所指向的论元必然是由词根V2携带的轻动词LV1筛选出的事件客体，在句法中投射到内部论元位置，因此汉语的动结式与英语的结果性结构一样，都遵守"Simpson法则"①。

2.2.1.7　语义指向研究新方向

语义指向自提出以后，研究成果可谓蔚为大观，但是从2008年开始语义指向研究进入瓶颈期，关于语义指向的研究成果虽数量惊人，但质量参差不齐，大部分是对前人研究的简单重复；同时语义指向也受到了诸位有影响力的学者的冷落，国内影响因子较高的学术期刊几乎不再刊登关于语

---

① Simpson定律是Simpson.J提出的英语动结式中补语的表述对象必须是深层宾语，而且必须是直接宾语或直接内论元（表层宾语或底层宾语），即直接宾语制约（Direct Object Restriction，简称DOR）或Simpson Law。

义指向的学术论文。从传统结构主义语言学视角对语义指向的描写研究陷入困境，但一些新的方向也开始崭露头角，主要表现在两方面。

第一，语义指向的跨语言研究。语义指向的跨语言研究是指语义指向分析法得到外语界语言学研究者的青睐，其被运用到汉外语义指向对比研究及某一外语句法语义结构不一致现象的研究中。如薛妍妍（2009）以英汉结果补语语义指向为考察对象，列举了两种语言中结果补语语义指向的对应问题，为汉英结果补语互译提供了一定的参考。徐以中（2010）从语用前提制约语义指向的角度来解释副词"只"与"only"不同的深层动因。翁义明（2013）将语义指向分析法运用到英汉介词短语的对比研究中，发现语义指向研究"也适用于包含英语在内的其他语言的研究"，找到汉英介词短语的不同语义指向。双文庭等（2013）将语义指向理论与语义角色理论结合起来分析了英语 V+able 型形容词的语义关联，通过 V+able 形容词语义所指角色的不同来区分该类形容词内部的细微差异。费建华（2014）以日语连用修饰成分的句法语义之间的对应关系为例，论证了语义指向分析跨语言研究的有效性。

第二，语义指向的计算机识别研究。语义指向计算机识别研究的代表人物是武汉大学文学院的赫琳教授，其以《现代汉语副词语义指向及其计算机识别研究》（2009a）为研究成果代表。该项研究以现代汉语副词的个案分析为例，通过分析制约副词的语义指向的具体因素，考察副词充当句法成分的句法条件和格式，提出了计算机自动识别现代汉语副词语义指向的策略及流程。这种"立足汉语本体，面向汉语计算机处理"的语义指向研究，为语义指向研究开辟了一个新的方向，但是该项研究只是作了尝试性探索，需要后来者继续努力。

2.2.2 语义指向分析方法的应用

语义指向理论正式提出之后，在邵敬敏、陆俭明等知名语言学家的倡导下，作为一种分析方法在状语①、补语、定语等句法成分的研究中广泛运用，硕果累累，主要包括以下几个专题：（1）结合语义特征分析法、变换分析法等对定、状、补三种句法成分的语义指向的描写研究（主要是语义指向的判定标准和形式验证的研究）；（2）结合认知语法、语用学或语法化

---

① 尤指副词作状语和多层状语的语义指向的研究。

相关理论对语义指向规律的解释研究；（3）某成分的语义指向对其所处句法结构的功能、语义的影响（如动结式结果补语的语义选择限制、结果补语的语义指向对动结式的配价的影响等）。其中第一个专题的研究成果最多，第三个专题次之，第二个专题的研究相对较少。

2.2.2.1 状语的语义指向研究

从研究的具体对象上看，状语的语义指向研究主要集中在副词状语和形容词状语的研究上，还有一些关于介词短语"在+处所词"作状语的语义指向的研究。副词状语研究主要是针对个别副词的研究，如对"只""都""最""不""也"的语义指向的研究。形容词状语的研究主要是针对形容词状语的整体类别的研究。

语义指向的起源便是基于对状语语义指向的研究。1982年胡树鲜"作用点"的提法，1983年沈开木"语义关系"的论述都是基于对副词作状语的语言现象的研究。1984年刘宁生在《句首介词结构"在……"的语义指向》一文中首次正式使用"语义指向"这一术语及随后"语义指向"分析法开始引起学者关注的几年，其研究领域主要集中在状语（主要是副词状语）语义指向上。1987年邵敬敏在《八十年代副词研究的新突破》中正式将语义指向研究的重要性提出来；并于1990年在《副词在句法结构中的语义指向初探》一文中又从方法论上发展了"语义指向分析法"。早期的状语语义指向研究主要是指出语义指向现象的存在及语义指向研究的重要性。此后的研究主要是对状语语义指向类型的描写研究。

张国宪（1991）、李子云（1993）、刘芳（2002，2003）从整体上分析了状语的语义指向类型。张国宪（1991）指出状语的语义指向存在着语义异指和语义同指两种类型。李子云（1993）分析得更为详细，认为状语的语义指向主要是谓语中心语、主语、宾语，并分析了多项递加状语的同指与异指、专指与兼指的划分与运用。刘芳（2003）比李子云的分析更为深入，她从解释的角度以深层结构和表层结构的相互转换关系来揭示同类型的状语的不同语义指向。

张力军（1990）、董金环（1991）、张世才（1999）、邹艳霞（2001）、艾彦（2005）、刘哲（2010）对形容词状语的语义指向进行了研究。刘宁生、钱玉莲（1987），高育花（2001），徐以中（2003，2010），项晓霞

（2003），邵敬敏、吴立红（2005），张玉金（2005），赫琳（2009），李范烈（2009），陈永婳（2010）对副词作状语的语义指向进行了研究，但是这种类别的研究主要是针对单个副词的语义指向的分析。

2.2.2.2　定语的语义指向研究

定语的语义指向研究较状语的语义指向研究起步较晚。最早，李敏（1996）考察了定语不指向中心语的情况。接下来王景丹（1999）、丁凌云（1999）、赵世举（2001）、傅满义（2003）、王金鑫（2006）、王进安（2005）、邱莉芹（2007）、蒋静忠（2008，2009）进一步探讨了定语语义指向的复杂性问题。

赵世举（2001）从宏观的角度探讨了定语的语义指向可以从指向、指域和指量三个角度来分析。事实上，这三个分析角度可以运用在任何句法成分的分析中。

定语的语义指向研究主要体现在定语语义指向的微观描写中，尤其是语义异指上，即定语的语义指向不指向其所修饰的中心语而指向其他成分。丁凌云（1999）提出定语语义指向的判定标准为：考察句子的变换形式；利用语义特征分析。王金鑫（2006）以更细小的研究对象为切入点，补充该标准，认为情感形容词语义"指向在句法距离上离它最近的指认的词语"。蒋静忠（2008）则在前人的研究成果基础上进一步提出更为合理的判定形容词定语语义指向的原则：语义特征匹配原则、顺向指向优先原则、施事主语优先原则。

2.2.2.3　补语的语义指向研究

补语的语义指向研究是三类句法成分语义指向研究中成果最多、最受关注的，这与汉语补语结构的复杂性不无关系。虽然补语的语义类型众多，但是关于补语的语义指向的研究集中在动结式的结果补语上（本部分从略，详见2.3）。

2.3　结果补语语义指向研究现状

2.3.1　补语语义指向类型研究

早期的补语语义指向研究是对补语语义指向类型的描写研究。

2.3.1.1 强调补语不仅能够说明谓语或动作行为，还能说明施事、受事或主语、宾语

吕叔湘（1986）首先从分析语义指向入手研究了动补结构，认为补语跟主语和宾语有语义关系。张林林（1987）探讨了"N1+V+C（+N2）+了"结构中补语的语义指向类型及不同的语义指向的不同变换句式。他认为简单结果补语的语义指向存在着指向动作、指向施事、指向受事三种类型，并通过变换分析法分析了不同语义指向类型的不同变换句式，如补语语义指向受事宾语的句子只能变换为"把"字句，不能变换成重动句。补语语义指向施事的，可以变换为重动句，一般不能变换为"把"字句。辛丽娟（1989）对单音节动词构成的结果补语从语义关系的角度考察了补语的语义指向类型，并在前人的基础上补充了不同语义指向类型的补语的特征。耿延惠（1995）以动态句子为考察对象分析了结果补语语义指向的类型。

程丽丽（2001）认为补语的语义指向类型有以下几种情况：没有语义指向、指向述语、指向主语、指向宾语、指向隐含述语的受事宾语、指向隐含的述语的施事主语、指向隐含的当事主语。傅远碧（2000）以句式为切入点，描写分析了不同句式中结果补语语义指向的不同。

尚福娟（2008）从显性语法关系和隐性语法关系两个角度总结分析了补语的语义指向的各种类型。从显性语法关系上看，补语可以前指主语、后指宾语、指向谓语动词、指向句内成分、指向句外成分。王丽娟（2007）、康晓宇（2008）、张娟（2008）也探讨了结果补语语义指向的类型。

2.3.1.2 指出补语的语义指向存在多指向问题

刘延新（1992）从总体上对结果补语的语义指向进行了分析，其所说的结果补语包括复杂的"得"字补语，结果补语范围界定较广。该文指出结果补语语义指向存在同时指向主语和宾语的多指向问题。朱子良（1992）认为不仅结果补语存在语义多指向的问题，其他类型的补语，如可能补语、状态补语、趋向补语等也存在多指向的问题。姜红（2007）认为动结式中补语的语义歧指现象主要包括补语语义既可以指向施事也可以指向受事、补语语义既可以指向受事也可以指向工具、补语语义指向受事既可以表示结果的实现也可以表示结果的偏离等三种情况。动结式中补语语义歧指现

象与动词的自主性等有关。刘芬（2010）认为动结式补语语义潜在多指包括同时指向主体和辅体，主体和客体，客体和辅体，主体、客体和辅体四种情况，同时分析了潜在多指的原因。

2.3.1.3 从被指成分语义角色的角度对补语语义指向类型进行细化研究

马真、陆俭明（1997a）从语义结构关系上对《形容词用法词典》所收的能够作结果补语的形容词的语义指向进行了归纳，认为形容词充任结果补语的语义指向有十种情况，指向行为动作本身、施事、当事人的人体器官或人体某部分、受事、主事、工具、产物、处所、距离、述语动词的同源成分。尚福娟（2008）认为从隐性语法关系上看补语可以指向动作的施事、主事、受事、对象、原因，也可以指向处所、工具、材料等次要成分。王丽娟（2008）对语义格进行细分，也是从隐性语法关系的角度分析结果补语语义指向的。

2.3.1.4 以句式为切入点分析补语的语义指向

任玉华（2000）分析了补语的语义指向对"把"字句起着选择限制的作用。

张言军（2009）以"把"字句为切入点发现该句型中结果补语的语义指向既可以指向"把"字后的宾语，也可以指向句子的主语，推翻了以往研究中含有动补结构的"把"字句中补语的语义指向只能指向"把"字结构宾语的定论。

张豫峰（2002）从补语的指向对象和动词之间的语义关系的角度分析了"得"字句补语的语义指向类型，认为补语有双重的语义指向和两个指向对象语义重合的情形。司玉英（2004）分析了"得"字句补语的语义指向，认为有标志补语的语义都是指向它前面的成分，包括 S、V 及 S+V 陈述的整个事件。指向 S 的补语有描写性的，也有评价性的；指向 V 的补语都是评价性的；指向 S+V 的补语都是描写性的。

李咸菊（2004）从补语的性质、充当补语的词类等几方面探讨了补语的语义指向规律，指出重动句的补语主要指向主语、谓语动词、宾语或兼指两种成分。刘雪芹（2011）仍然从描写的角度将重动句补语的语义指向细化为三大类九小类。三大类为他指、自指和兼指，其中他指包括指向主语、动词、动核结构、受事宾语、工具宾语、伴随宾语和旁及宾语；自指指补语语义指向自身；兼指指补语语义既指向主语，也指向动核结构。

2.3.2　补语语义指向制约因素及判定方法研究

语义指向的制约因素是判定语义指向的重要依据，但是现有研究关于补语语义指向的制约因素的观点存在着很大的差异，主要包括以下几种。

第一，受补语谓词或动结式的句法性质的影响。詹人凤（1989）从充当结果补语的词语的语法性质着眼，对补语的表述对象进行了考察，认为补语的语义指向受补语的及物性的制约，即"在主宾同现的动结式中，R为及物动词，R表述主语；R为不及物动词或形容词时，R表述宾语"。李子云（1990）认为詹人凤的观点只说明了部分情况，不能反映全部语言事实，在此基础上补充认为，补语的语义指向受句式的制约，句式不同，表述对象各异。梅立崇（1994）从语义的角度出发，在李子云研究的基础上，对结果补语的表述对象进行了进一步研究，认为在主宾同现的动结式句子中，制约补语表述对象的因素除句式外，还包括述语动词自身的语义特点、补语本身的语义特点和宾语。

第二，受补语谓词的语义特征的影响。张国宪（1988）分析了动词充当结果补语的语义指向问题，探讨了补语语义指向的形式标志，也即判定动词作补语时语义指向的形式词：标志词、语序。张国宪（1991）认为形容词结果补语的语义指向受形容词的次范畴影响。他从句法功能的角度对形容词进行分类，并分析形容词结果补语的语义指向。

第三，受补语谓词、同现的述语动词的句法语义特征等多种因素的综合影响。马真、陆俭明（1997c）认为形容词充任结果补语的语义指向取决于与述补结构同现的名词性成分，述语动词的语义特征，作补语的形容词的语义特征，述语、补语以及与述补词组同现的名词性成分之间的语义关系。王红旗（2001）认为补语语义指向的不同"实际上是述语动词与相关体词性词语之间格关系的不同"。李晓东（2008）认为制约结果补语语义指向的因素包括：次语类制约/语义匹配制约>定指度制约>生命度制约>标记制约>近距制约。这些制约条件的重要性由左到右越来越弱。张猛（2010）认为形容词结果补语语义指向取决于句式。许小星、亢世勇（2009）认为补语的语义指向主要受补语自身语义特征的制约。于婷婷（2011）认为动结式中补语的语义指向受补语的语义特征、述语动词的语义类别、述语和补语的配价性质、句式四个因素的制约。

上述研究从不同角度讨论了结果补语语义指向的制约因素，但是到底哪个因素起决定作用，各个因素对语义的影响力到底有多大，这个影响力怎么分析，对于结果补语语义指向的科学判定至关重要。除于婷婷的研究外，其余的研究只是简单论及这些因素的影响作用，并未说明各因素的影响力。李晓东（2008）、于婷婷（2011）虽然对各影响因素对结果补语语义指向的制约作用大小进行了排序，但排序依据并不明朗，因此，结果补语语义指向的制约因素到底有哪些，各因素影响力的大小排序是什么，排序依据是什么等问题仍然值得我们继续探讨，以使语义指向的判定更为精准，更利于计算机对动结式的解读。

2.3.3 补语语义指向对句法结构的功能和意义的影响研究

补语语义指向对句法结构的功能和意义的影响研究主要表现在语义指向对整个动结式的起源、配价、整合度的影响研究。

吴福祥（1999）认为语义指动型补语产生得最早，东汉时期已形成。吴福祥（2004）还根据补语的语义指向的不同将现代汉语动补结构分为指动补语、指受补语、指施补语三种类型。梁银峰（2006）也认为指动型动补结构产生得最早，先秦时萌芽；指受型动补结构次之，萌芽于六朝时期；指施型动补结构产生得最晚，大约产生于隋朝以后。而石毓智（2003）认为语义指受型动补结构产生得最早，指动型次之，指施型动补结构产生得最晚。

石慧敏（2010）根据补语有无明确的语义指向分析动结式的整合度。当补语表示本义，语义指向受事的时候，整个动结式的整合度低；当补语表示其引申义，语义指向述语动词的时候，动结式的整合度相对较高；当补语无明确的语义指向的时候，其整合度最高。李思旭（2010）以个案补语"完"为例讨论其融合度等级，并根据语义指向的不同，将"完"划分为语义指向动词的"完$_1$"、语义既指向动词又指向受事宾语的"完$_2$"、语义指向非受事主语的"完$_3$"。其中"完$_1$"与其前的单音节动词的融合度最高；"完₂"的融合度次之，"完₃"的融合度最低。

补语的语义指向对整个动结式配价的影响研究成果较多。李小荣（1994）认为述结式能否带宾语与补语的语义指向有关。补语在指向施事、动作的一般情况下不能带宾语，指向受事、工具、处所等非施事成分的述结式能否带宾语受补语音节的数目、述结式所处的句法环境等因素的影响，情况较复杂。如果补语表示预期结果其后不加"了"及补语表示一般自然结果，能带宾语，否则不能。王红旗（1995）运用语义指向分析法考察了动结式的配价，认为整个动结式的配价是由述语谓词的施事或主体和补语的语义指向控制的。同时他认为补语的语义指向为动词的动结式不是一个同质的类。宋文辉（2004a）对补语语义指向为动词的动结式的配价进行了研究。他指出，补语的语义指向不是单一的，补语的多指向是影响动结式配价的决定性因素。

2.3.4 补语语义指向与其他理论的综合研究

补语的语义指向与其他理论的综合研究包括在新的理论框架下分析不同语义指向的动结式的各种特征及运用其他理论解释语义指向。

唐一萍（2011a，2011b，2012）在构式语法理论的框架下分别分析了补语语义指向主语、动词、宾语的动结式带宾语时的句法和语义特征。补语语义指向主语时动结式的语义是：由 X 发出的动作致使 X 受到影响。补语指向动词的动结式反映的现实场景是：由 X 发出的动作致使 Y 受到影响。补语指向宾语的动结式表示"由某人（有生命或无生命）发出的动作使他人或他物受到影响，从一种状态进入另一种状态，即导致某种结果"。李思旭（2010）讨论了补语"完"的语义指向对"完"与动词整合度的影响。这些研究说明了补语的语义指向对动结式融合的时间和程度的影响。

李晓东（2008）在优选论的框架下讨论了确认补语语义指向的方法，对制约补语语义指向的各种因素进行了排序。杨大然、周长银（2013）在轻动词理论框架下对动结式的补语语义指向进行了深入研究，并对英汉语结果性结构的形式差异进行了解释。高燕（2005）在 Tamly 认知语义学的理论框架下解释汉语动补结构语义指向多样化的原因，"即汉语动作动词特殊的词汇化模式（仅包括动作和使成成分在内）中不包含确定动作执行结果的成分，因而需要借助于其卫星成分来表明动作的结果，这个结果可能是规约性的，也可能是偶然性的结果"。甄玉（2009）"依据黄正德的广义控制论和最短距离原则来解释结果谓词的语义指向，即空代词选取一个潜在的离它最近的名词短语为其先行词"。

2.4　当前研究的不足

综合国内外关于动结式、语义指向及结果补语的语义指向的研究现状，虽取得了较多研究成果，但语义指向研究从 2008 年以后进入了研究的瓶颈期或冷静期，我们认为结果补语语义指向的研究范围、研究内容及研究方法仍存在一定空间。

从研究范围上看，由形容词充当结果补语的语义指向研究成果较多，动词充当结果补语的语义指向研究成果相对较少。

从研究内容上看，当前的研究主要集中在语义指向分析方法的应用上，研究大部分仅在语义指向类型的描写上，并没有进一步分析不同指向类型的原因（造成不同语义指向的内在规律），如，为什么有些补语必须前指，有些必须后指，决定因素是什么，有无规律可循，即，语义指向方向的规律描写与解释；哪些成分存在多指向，有无规律可循，为什么会有多指向，如何解释等，即，语义指向指量的规律描写与解释；补语的语义指向受多种因素的制约，主要有哪些因素，哪种因素起决定作用，各种因素对补语语义指向确定的制约力有多大，这些都值得我们深入探讨。正如沈阳（2004）所说，"过去的研究很大程度上还停留在对某些具体事实的观察上，对很多现象没有给出解释，更没有上升为具有普遍价值的理论原则"。虽然过去了十余年，关于语义指向的研究成果数量上增加了很多，但是质量上并未有本质进步。

从研究方法上看，当前研究主要是从共时平面对语义指向的描写分析，很多结论都是基于研究者的观察和理解得出的，是一种逻辑推理分析，缺少科学的数理统计分析，也很少有从历时的角度探讨语义指向不同的原因。

综上所述，由于受转换生成语法理论的影响，当前语言研究以普遍语法为研究目标，作为本土理论的语义指向研究的解释作用有限，因此受到了影响力较大的几位学者的冷落。现有研究对于结果补语对谓词的选择限制尚未提出令人信服的标准，无法解释诸如"聪明"能够充当结果补语，而其同义词"聪慧、聪颖"却不能充当的原因等问题。此外，越来越多的研究表明，将语义指向分析运用在句法语义结构不对应的句法结构中，更利于翻译研究。基于此，结果补语的计量统计、语义指向具体分类及语义多指原因探讨、语义指向制约因素影响力的科学排序及计算机识别等问题还有很大研究空间。

3　结果补语对谓词的选择限制

现代汉语中能够充当结果补语的谓词是一个封闭的类。一般认为，结果补语由形容词和少量动词充当。但是到底哪些形容词、哪些动词能够充当结果补语，目前学界虽已有相关统计，但统计结果出入较大。因此，重新统计能够充当结果补语的谓词，并提出令人信服的计量标准对于深入认识结果补语很有必要。我们拟在分析结果补语性质的基础上，探讨结果补语对谓词的选择限制，即对结果补语进行计量统计分析并探讨结果补语谓词的计量标准及其选择谓词的限制。内容包括：结果补语谓词的计量统计现状、结果补语对形容词的选择限制、结果补语对动词的选择限制、结果补语选择谓词的特点分析、结果补语谓词的计量统计等。

3.1　结果补语谓词的计量统计现状

汉语语法学界一致认为结果补语由形容词和动词充当（朱德熙，1982：126；吕文华，1982：44；刘月华等，2001：534）。但并不是所有的形容词和动词都能充当结果补语，前人已有关于结果补语谓词的统计研究，主要有以下两种统计角度。

3.1.1　综合统计

这里，综合统计指统计时不分词性、不分音节，研究者通过个人观察收集常作结果补语的谓词。

赵元任（1979：207）《汉语口语语法》中《常用补语表》列出的可作结果补语的词有 153 个，其中形容词 127 个，动词 26 个。

王砚农等（1987）编写的《汉语动词-结果补语搭配词典》从报刊、小说、剧本、电影和日常口语中收集了 322 个经常作结果补语的形容词、动词及少量短语。其中动词及动词性短语 113 个，占总数的 35.09%，形容词 209 个，占 64.91%[①]。

王红旗（1995）考察的可以作结果补语的谓词共 351 个，其中动词 116 个，形容词 235 个。但在文献附录中只列出了 200 个形容词。

俞士汶（1998）的《现代汉语语法信息词典详解》中收录的能够作补语的动词为 156 个，形容词 262 个，共计 418 个。

于婷婷（2011）根据现代汉语述补结构用法数据库考察的可作结果补语的谓词有 372 个。

3.1.2　分词性、音节数统计

由于结果补语谓词主要由形容词充当，并且表现出明显的单音节倾向，为了缩小考察范围，便于深入探讨结果补语谓词的句法语义限制，很多学者采用分词性、分音节的方法统计能够充当结果补语的谓词。

马真、陆俭明（1997a）根据《形容词用法词典》考察的能够充当结果补语的形容词主要是单音节性质形容词，共 153 个，双音节形容词 63 个，共计 216 个。

刘振平（2014）以对外汉语教学为研究基点，以《汉语水平词汇与汉字等级大纲》为考察对象，发现共计 325 个义项的形容词能够充当结果补语。

陈巧云（2000）通过考察《动词用法词典》和《汉语动词-结果补语搭配词典》，排除意义虚化的动词"动、完、住、着、成、见、掉"等，发现能够作结果补语的动词有 115 个。

辛永芬（2003）收集的能够作结果补语的动词有 120 多个，但并未在文中列出具体词项。

刘芬（2011）综合《现代汉语语法信息词典详解》、《汉语动词-结果补语搭配词典》和《动词用法词典》的考察结果，将词典释义分立的多个义项的词语作为单个词来考察，发现能够充当结果补语的单音节动词有 87 个。

现有研究的统计方法及统计数据显示：

第一，能够充当结果补语的谓词是一个封闭的类，是可计量的。

[①]　根据《现代汉语词典》（第 6 版）的词性标注，我们对其统计的词语进行了词类标注后统计得出的结果。

第二，现有研究几乎都是通过举例的方式罗列收集到的结果补语谓词，并未提出相应的计量标准。

第三，各项研究的统计数据差别大，对能够充当结果补语的谓词的统计研究没有形成共识。我们将其中考察范围较广的《汉语动词-结果补语搭配词典》（1987），王红旗《动结式述补结构配价研究》（1995），马真、陆俭明《形容词作结果补语情况考察（一）》（1997a），于婷婷《动结式补语语义指向的判别条件研究》中提到的现代汉语述补结构数据库四种文献所收集的结果补语谓词重新整合发现，其中所涉及的能够充当结果补语的谓词共有 499 个，其中公认的形容词有 114 个，动词有 115 个，只占所涉谓词的 45.89%。

第四，由于统计方法不同，考察对象不同，研究者得出的数据也不同。比如，从统计方法上看，有人对考察对象进行了分义项处理，如果多个义项都能充当结果补语即处理为不同的词，如刘芬（2011）、于婷婷（2011）、刘振平（2014），有人没有分义项处理。从统计结果上看，同一个多义词，有人看作不同的词，而有人并没有区分。如王红旗（1995）将"死"分成"死$_{失去生命}$""死$_{不灵活}$"两个词，其他学者没有区分；于婷婷（2011）将"差""僵""秃"等不同义项分成不同的词，其他学者也没有区分。此外，很多学者并没有对统计方法进行明确界定，仅凭个人经验收集材料。因此，我们有必要重新明确结果补语谓词的统计标准和统计方法，使结果补语谓词的统计工作更为科学。

结果补语谓词的计量标准也就是结果补语对谓词的选择限制条件。语法学界一般从句法、语义、韵律的角度研究结果补语对谓词的选择限制问题。目前形成的一条共识为：结果补语由形容词和少数动词充当，并且主要由单音节性质形容词充当（马真、陆俭明，1997a；罗思明，2009；彭国珍，2011；刘振平，2014）。但并非所有的单音节性质形容词都能充当，如"旱、静、妙"等便不能充当（马真、陆俭明，1997a），而且很多双音节性质形容词也能充当结果补语，如"聪明、干净、安定"等。此外，吕文华（1982：46）认为趋向动词（上、下、进、出、回、过、起、开、走、掉、跑、住、倒等）也可以作结果补语。罗思明（2009：162）从语言类型学的角度分析，认为除了动词短语、形容词短语外，少数习语化的名词短语，如"养家了"的"家"也能充当结果补语。吕叔湘（1986：7）、吴为善等

（2008：499）认为述宾短语也能充当结果补语，如"迷心、出名、动情、走眼"等。

但是，正如研究者本人所承认的，趋向动词作补语主要表示趋向，"作结果补语时引申义较多，需在具体的语言环境中进行辨析"（吕文华，1982：46）。我们认为趋向动词作补语所表示的结果义是一种虚化的意义，其结果义不稳定，不把趋向动词看作结果补语谓词，但我们所指的趋向动词限于"来、去、上、下、进、出、回、过、起、上来、上去、下来、下去、进来、进去、出来、出去、回来、回去、过来、过去、起来"等词，不包括吕文华提到的"走、掉、跑、住、倒"等。此外，我们赞同赵元任先生（1979）的观点，认为名词不能充当结果补语。少数例子如"输铁了""养家了"之所以能够说，是因为"铁、家"在这种语境下已不再表示其名词性本义，而是运用引申义。《现代汉语词典》（第6版）已收录了"铁""家"的形容词义项，并明确标注"铁"作为"坚硬、坚强、牢固"义解时的形容词性及"家"在方言中作"饲养后驯服"义时的形容词性。因此，我们认为能够充当结果补语的成分有三类：形容词、动词、述宾式短语。

那么，为什么有的单音节性质形容词不能充当结果补语，这些词具有什么样的特征？为什么有些双音节性质形容词能够充当，这些词又具有什么样的特征？那些能够充当结果补语的少数动词又具有什么样的特征呢？以下部分在前人时贤研究成果的基础上，探讨一个问题——结果补语对谓词的限制。从"能够充当结果补语的谓词特征、同类词中不能充当结果补语谓词的特征"正反两个角度分析结果补语谓词的区别性特征，并在此基础上界定结果补语谓词的计量标准。

3.2　结果补语对形容词的选择限制

很多研究者对能够充当结果补语的形容词特征进行了研究，并取得了很多有价值的成果。马真、陆俭明（1997a）考察的形容词结果补语的标准即为："能受'很'修饰，但是不能同时带宾语。"这条标准是性质形容词的典型特征，我们初步断定充当结果补语的主要是性质形容词。彭国珍（2007，2010）、罗思明（2009）从英汉对比的角度以英语结果补语结构对形容词的选择限制为参照点考察了汉语形容词充当结果补语的能力，认为汉语动结式对形容词的选择限制比英语要宽松得多。根据他们的研究，汉语的等级形容词（即能够受程度副词修饰的形容词）和非等级形容词（汉语中的动词、区别词、状态形容词）都能进入 Control 类动结式和 ECM 类动结式充当结果补语①，只是能够充当宾语指向的 ECM 类动结式补语的开放等级形容词数量不多。通过这种对比研究得出来的结论只能说明"等级"这一变量下的形容词都有充当结果补语的能力却不能作为结果补语对形容词选择的条件。张国宪（2006）根据形容词所表示的情状将形容词重新分为表示静态情状的性质形容词、状态形容词和表示动态情状的变化形容词三类，并认为变化形容词的主要语法功能是充当谓语和补语，变化形容词是使成式结果补语的一个重要来源。"变化"这一情状特征给我们界定结果补语形容词特征以重要启示，但这一分类却无法说明"矮、小、苦"等非动态形容词能够充当结果补语的原因。因此，我们需要深入细致地分析结果补语谓词的限制条件。

3.2.1　形容词充当结果补语的语义标准

动结式作为致使结构的一种类型，表达的是一种致使情景或致使事件结构。致使事件是一个由外事件和内事件组合而成的复杂事件，其中外事件表示结果发生的原因、方式或手段，内事件表示由外事件引发的结果。从逻辑上看，两者之间存在着因果关系；从时间关系上看，外事件发生时间先于内事件。我们在对《现代汉语词典》（第 6 版）所收录的 270 个单音节形容词所涉及的 526 个形容词成词义项逐一考察的基础上，总结出形容词充当结果补语的语义特征标准为［+可变］［+可控］［-恒定］［-不可逆形容词的初始状］四个语义特征。

Moreno（1993）认为状态的改变、驱使力、目的或意愿是致使事件的三个语义要素，其中前两项是核心要素，是致使事件不可或缺的（参见施春宏，2008）。因此，［+可变］［+可控］这一组特征是决定形容词能充当

---

① Control 类动结式和 ECM 类动结式是从生成语法的角度进行的分类。Control 类动结式，一般译为控制动结式，ECM 类动结式译为例外格标记类动结式（罗思明，2009），也可译为特殊授格结构（参见温宾利，2002）。Control 类动结式指补语语义指向动作受事或施事的动结式，如"吃饱""穿旧"等；ECM 类动结式指补语语义指向动作的旁及成分的动结式，如"砍钝"等（参见彭国珍，2007）。

结果补语的前提条件，其他语义特征都是对［+可变］这一特征的具体限定。动结式的结果补语表示的是由动词所表示的动作行为造成的动作或事物状态的变化，因此，充当结果补语的形容词必须具有［+可变］这一语义特征，才能确保状态的变化。我们认为，这里的［+可变］包含四层意思：第一，该状态是可变的，而非恒定不变的；第二，该状态的变化可以是一个从无到有的变化过程，也可以是一个程度上的伸展过程；第三，该状态的变化必须在某个动作行为的影响下产生，这个动作行为应是简单动作；第四，该状态通过外力的影响是可以实现的，不能是无法实现的非可逆初始状态。下文将对此一一解释。

第一，结果补语所表状态是可变的，而非恒定不变的。

［+可变］这一特征首先指充当结果补语的形容词所表性质、状态是可变的，不是恒定不变的，不是事物与生俱来的固有属性。充当结果补语的形容词主要是性质形容词。性质形容词是典型形容词，其典型特征是"程度量"，"程度量"主要表现为"量潜能"，即"性质形容词占据一个量幅，具有被不同量级的程度词切割的潜能"（张国宪，2006：47）。性质形容词在量上具有一定的伸缩性，语义上有量变的含义。张国宪（2006）用"最、很、比较、稍"四个程度词分别代表四种不同的程度量，能与四个程度词自由组配的形容词是典型性质形容词，全都不能搭配的是非性质形容词，如"大、小、多、少、长、短"能与四个词自由组配，为典型性质形容词，"雪白、通红、畅通、巨大"不能与这四个词自由组配，是非性质形容词。典型性质形容词和非性质形容词之间存在着一个过渡阶段，有些形容词只能与部分程度词组配，根据与之组配的程度词数量来判断形容词更接近性质形容词还是状态形容词，如"淳朴、憨厚"能与"最、很、比较"组配，不能与"稍"组配，更贴近性质形容词，其程度量存在一定的"量幅"；再如"哀怨"经常与"很、比较"组配，"诚挚"与"最"组配，而不与"很、比较、稍"组配，"哀怨"和"诚挚"所占量幅较小，贴近非性质形容词。

理论上讲，性质形容词都具有充当结果补语的可能性，但由于性质形容词的"量潜能"不同，不具有相应的现实性。形容词所占量幅越小，离性质形容词的典型特征就越远，充当结果补语的能力就越差。如上文所列的"哀怨、诚挚"充当结果补语的能力较差，只能与"变"组配构成动结式。那种虽有程度上的变化，但语义上表示相对稳定、不因时因地发生变化、不受外力影响的性质形容词是不能充当结果补语的。但现实世界中没有绝对的恒定不变，只有相对稳定、不易发生改变的相对恒定，因此，因自身所表性质恒定不变而不能充任结果补语的形容词较少。语言中常见的表示与生俱来、不易发生改变的性质是表示人的性格、品性的形容词，如聪慧、聪颖、憨厚、淳朴等。在人们的理想认知模式中，这类结果补语所表状态是与生俱来的、稳定的品质，实现起来比较困难，因而这类形容词充当结果补语的能力较弱。

第二，结果补语所表状态的变化可以是一个从无到有的过程，也可以是一个程度上的伸展过程。

结果补语所表状态的变化因结果补语的语义不同而不同：致使义动结式所表状态的变化是一个从无到有的过程；评价义动结式所表状态的变化是一个程度上的伸展过程。比如：

（1）花瓶打<u>碎</u>了。（没碎—碎）

（2）衣服淋<u>湿</u>了。（没湿—湿）

（3）球鞋踢<u>破</u>了。（没破—破）

（4）鞋子买<u>大</u>了。（不大—大）

（5）话说<u>多</u>了。（不多—多）

（6）他来<u>晚</u>了。（不晚—晚）

例（1）至（3）是致使义动结式，结果补语所表状态是从无到有的过程，即花瓶从"没碎"到"碎"、衣服从"没湿"到"湿"、球鞋从"没破"到"破"的过程；例（4）至（6）是评价义动结式，结果补语所表状态是说话人心理上对事物性状的一种预期落差，其所表状态在说话人心中的预期状态是"不大""不多""不晚"，而现实结果是"大""多""晚"，这种状态的变化表现在结果补语所表程度以说话人心理预期为参照值的上下波动上。因此，评价义结果补语所表示的状态变化是一个程度上的伸展过程。

石毓智（2001）根据形容词所表程度量的不同，将其分为定量形容词和非定量形容词两类。非定量形容词中只有连续量性质的是窄式非定量形容词，只能用"不"否定，不能用"没"否定，如"匀、准、稳、紧、松、端正、充分、完全、详细、细致、透彻、远、紧、密、稀"等事件值形容词为窄式非定量形容词，只能用于评价义动结式中；兼有连续量和离散量性质的是典型非定量形容词，既能被"不"否定，也能被"没"否定，如"大、小、高、矮、冷、热、亮、暗"等大部分单音节性质形容词是典型非定量形容词，既可以用于致使义动结式，也可用于评价义动结式。

第三，结果补语所表状态的变化必须在某种力量的作用下产生，这种力量可以用某个具体的行为动作表示。

第一、二两条内涵论述了结果补语谓词必须具有［+可变］特性。自然界的变化有两种：一种是自发产生的变化，不受外力的影响，是自变；一种是在外力的影响下产生的变化，是他变。动结式中结果补语所表状态的变化主要是他变，也可以是自变，但都强调谓语动词所表动作行为对事物状态变化的影响和事物发生状态变化的动力、使因、方式等。因此，这个状态不管是自变还是他变，都必须有相应的动词来表示变化的动力、方式等。常见的自变动词数量较少，主要是"长（zhǎng）、变"等有限词语。换句话说，结果补语所表状态是可控的，既可在自然力量的作用下产生也可在人为力量的影响下产生；既可由自身的力量作用产生也可由外在力量的作用产生。

但是，造成结果补语所表状态变化的原因、方式、手段等必须能用一个简单动词或形容词加以概括，才能构成动结式，否则不能。换个角度说，如果某个形容词所表状态是由某种"无作为"造成的，该形容词也不能充当结果补语。如，"旱"指"长时间没有降水或降水太少"，造成该状态的原因是一系列的气象条件，人为的某个具体动作行为难以实现这种状态，也无法用一个表示宽泛动作行为意义的动词，诸如"做、搞、变、干、弄"等来实现，因此"旱"构成不了动结式，不能充当结果补语。

再如"嫩$_4$(阅历浅,不老练)、生$_3$(没有进一步加工或提炼)、鲜$_1$(没有变质,也没有经过腌制、干制等)、鲜$_2$(花朵没有枯萎)、闲$_1$(没有事情;没有活动;有空)、闲$_2$(房屋、器物等不在使用中)、新$_3$(没有用过的)"[①]等词所表状态都是由某种"无作为"造成的，其中不包含致使义，且都是

[①] 例词右下角的序号为该词在《现代汉语词典》（第6版）中的所属义项。如"嫩"在《现代汉语词典》（第6版）中共有四个义项：①初生而柔弱；娇嫩；②指某些食物烹调时间短，容易咀嚼；③（某些颜色）浅；④阅历浅，不老练。我们对形容词充当结果补语的能力分义项进行考察，根据其在字典中的义项编号记录，根据"嫩"的四个义项，分别将其记为嫩$_1$、嫩$_2$、嫩$_3$、嫩$_4$。

中性或褒义词，一般情况下是说话人心理预期的状态，无法用于表示偏离结果义的评价义动结式中。

那么，这种力量一般由什么样的词充当呢？施春宏（2008）从正面指出活动动词一般能进入动结式的述语位置；詹卫东（2013）则从反面指出"是、有、完、能"等非自主属性动词不能充当动结式的述语，但这样并未完全廓清动结式述语动词这一集合特征。是不是只有活动动词能够充当述语动词？是否仅有非自主属性动词不能充当述语动词？我们从情态角度，通过正反两方面讨论能够充当述语的谓词特征。我们根据考察认为，能够进入述语位置的谓词具有两个核心语义特征——［＋自主性］［＋活动性］。也就是说，强活动自主动词是充当述语动词的典型。

动结式表达的是一个复杂的致使事件，要求充当述语的动词具有一定的致使力促使有关论元成分发生状态改变，而活动动词尤其是强活动动词具有较强的影响力，能够充当述语动词。

但从反面来看，首先，非自主静态动词都不能充当述语动词，包括关系动词（属性动词）、存现动词、能愿动词等，如"是、有、标志、关系、出现、应该"等；其次，弱动态的自主状态动词不能充当述语动词，包括心理活动动词，如"相信、喜欢、懂、知道、认为、了解、感到"等；最后，弱动态活动动词充当述语动词的能力较弱，一般与虚化结果补语结合构成动结式，如"操心、惦记、期望、关心、后悔、怀念、怀疑、盼望、思考、体会、同情、希望、羡慕、享受"等。

第四，结果补语所表状态通过某种力量是可以实现的，不能是无法实现的非可逆形容词的初始状态。

结果补语所表状态是结果性状，必定由初始性状变化而来。汉语中大部分形容词的初始状态和结果状态作为性状变化的起点和终点是可循环的，方向上是可逆的。如"干—湿"这对形容词，从性状变化上看，干东西经水浸泡会变湿，湿了后经过晾晒会变干。在前一个过程中，"干"是初始状态，"湿"是结果状态；后一个过程中，"湿"又成了初始状态，"干"为结果状态。"干"和"湿"的状态通过"浸泡""晾晒"这样的外力作用是可逆的，两者都可以充当动结式的结果补语。

但也存在初始状态不可逆的形容词，如"生—熟"这对形容词所表状态就不是可逆的。食物可以通过"生长"或"烹饪"由"生"达到"熟"

的状态，但无法通过某种动作行为使已经熟了的东西变成生的。"生"作为食物的初始状态是原生的、不可逆的，不是在外力作用下产生的，因此，"生"不能充当结果补语。汉语中的不可逆形容词不多，在前人研究的基础上，我们收集到的主要有以下几对：

生→熟　幼稚→成熟　鲜₃→坏　新鲜→坏　小＼嫩→老₁,₆(年龄、蔬菜)

3.2.2　结果补语对形容词的其他限制

从上文的论述中，我们不难发现，能够充当结果补语的形容词的典型形式特征是单音节，典型语义特征是其可变性，结果补语所表状态变化是受外力影响造成的。除上文论述的结果补语的正面选择条件及相应的反面制约条件外，结果补语选择形容词还有下列限制。

3.2.2.1　语义限制

形容词充当结果补语要求其在程度上占有量幅，具有一定的伸缩性，因此，只占据量点的定量形容词不能充当结果补语，这是结果补语语义要求对形容词的限制。《现代汉语词典》（第6版）中收录的单音节形容词绝大多数是非定量形容词，也就是传统意义上的性质形容词，但也有少数不能受"比较、很、最"等程度词修饰，是定量形容词。定量形容词表达确定的量，表示一定的量点，不存在量的变化，是不能充当结果补语的。据我们统计，单音节定量形容词有：

安　差₁　错₂　大₂　低₃　繁　废　高₃　古　横₁　横₂　厚₅　老₂
老₃　良　满₂　强₄　巧₃　全₂　弱₂　弱₃　深₆　竖₁　竖₂　土₁　头　晚₁
闲₂　小₂　新₁　新₃　新₄　行　优　早₁　窄₃　直₃　总₁　总₂

3.2.2.2　句法功能限制

很多形容词义项的独立性较差，常以语素义方式存在于词汇、固定搭配中，具有这些义项的形容词不能充当结果补语，是句法上的限制。《现代汉语词典》（第 6 版）中的很多单音节形容词义项虽然可以单独成词，但在语言现实中使用范围小，组配能力差，只在常用的固定搭配中使用。这些词的活动能力非常弱，几乎相当于构词语素。这些词都不能充当结果补语。比如，"整$_2$"的"整齐"义主要用于"衣衫不整、整洁"等固定搭配和双音节词中，其本身作为独立词的活动能力是比较弱的；"安"的"安定"义也主要用于"安定、安稳、心安理得"等词语中或与"不"固定搭配，组成"不安"使用，很少单独用来充当定语、谓语，也不能充当结果补语。还有，"宽$_2$"的"宽大、不苛求"义主要用于"坦白从宽、抗拒从严""宽容"这样的固定短语和词中；"精$_1$"的"细"义主要存在于"精细、精密、精确、精湛"等词中。

3.2.2.3 使用频率限制

有些多义词的多个义项都有与之相对应的双音节同义词或其他使用频率更高的单音节同义词，如"薄"包含 4 个形容词义项，其中"薄$_2$"表示感情不深，与之对应的有双音节同义词"冷淡"；"薄$_3$"表示味道不浓，有使用频率更高的单音节词"淡"与之对应；"薄$_4$"表示土地不肥沃，与之对应的有更常用的双音节词"贫瘠"，那么薄$_2$、薄$_3$、薄$_4$充当结果补语的能力较弱。在现代汉语双音节化的发展中，这些双音节词的使用频率远远高于单音节词；如果单音节词承载的意义过多的话，很容易引起歧义。因此，这些单音节形容词的使用环境是非常有限的，要么被双音节同义词取代，要么被使用频率更高、方言色彩更淡的单音节同义词取代，因此这些义项的形容词充当结果补语的可能性也很小。可以说，形容词本身使用频率的高低也制约着其充当结果补语的能力。

3.2.2.4 音节限制

双音节形容词充当结果补语的能力远远比同义的单音节词弱。如，马真、陆俭明（1997a）考察的能够充当结果补语的双音节形容词只有 63 个[①]，其中有 20 个词主要与动词"变"搭配组成动结式，4 个与自主动词"长"搭配、7 个与泛义动词"搞"搭配组成动结式，说明这 31 个

---

① 事实上列举了 64 个词。

双音节形容词的可控性较弱，充当结果补语的能力也弱。《汉语动词–结果补语搭配词典》（王砚农等，1987）收录的能够充当结果补语的双音节形容词有 63 个，其中只有"干净、糊涂、结实、明白、暖和、清楚、详细"7 个词所列的能与之搭配的动词多于 5 个，而能与其他的双音节形容词组配成动结式的动词大多数有 1 至 3 个，也证实了双音节形容词充当结果补语的能力很弱。

为什么少数双音节形容词可以充当结果补语，而大多数不能呢？我们考察《汉语动词–结果补语搭配词典》（1987），王红旗（1995），马真、陆俭明（1997a），现代汉语述补结构数据库所收集统计的双音节结果补语形容词共 119 个，其中以上四种成果都收录的只有 25 个，在三种成果中共现的有 26 个，而单次出现的双音节形容词结果补语有 60 个。此外，仅被《现代汉语语法信息词典详解》收录的能够充当结果补语的双音节形容词有 69 个，加上以上四种成果中的统计，共涉及 188 个双音节形容词。

我们认为，理论上双音节性质形容词在程度量上有延伸的都能充当结果补语，尤其是"形容词性语素+形容词性语素"构成的并列式合成词都有充当结果补语的可能性。我们随机考察了《汉语形容词用法词典》中收录的以"安"开头的双音节性质形容词充当结果补语的情况，在百度搜索引擎中检索发现，以"安"开头的双音节性质形容词都有以"变+安 X"格式存在的动结式，但数量极少。而 CCL 语料库中能检索到的"安 X"作结果补语的例证更少，可见双音节性质形容词有充当结果补语的能力，但能力较弱。

由于双音节性质形容词承载的语义信息量较多，其所表性质实现起来困难，而要在某一外力致使的作用下达到该状态的可能性更差，或者说致使该状态实现的外力较复杂，难以用一个简单的动作动词表示，且大多数状态是在自变的情况下实现的。因此，从语义上来看，双音节性质形容词充当结果补语的现实性较差，因为其所要表达的状态基本上由比它更容易实现的单音节形容词所替代。

而从语言事实上看，双音节性质形容词充当结果补语时，主要由自变动词"变、长"或"做、搞"等泛义动词来充当动作动词。张国宪（1997）认为在由单音节向双音节转化的过程中，词的功能也会增值或变异，其中最明显的表现是名性的增值、动性的减弱，简单地说就是：

单音节词的动性强于双音节词。而具体到介于名词和动词之间的形容词的情貌，单音节形容词的动态特征强于双音节形容词，在形容词双音节化的过程中，双音节形容词比与之相对应的单音节形容词的状态性更强，而动态性更弱，因此双音节形容词充当结果补语的能力远远弱于与之同义的单音节词。

而"干净、整齐、清楚、明白、糊涂、结实、仔细"等少量几个双音节形容词能够充当结果补语，且具有较强组配能力是具有一定的历史与现实动因的。

首先，从历史角度看，与"干净"同义的双音节形容词"净洁、清净"在东汉后期已开始作补语（梁银峰，2006：271），主要出现在《修行本起经》《佛本行集经》等经书中，使用时间长、使用频率高。如：

（7）如人沐浴净洁覆以白衆，中外俱净，表里无垢，喘息自灭，寂然无变，成四禅行。（《修行本起经》）

（8）于家地上，扫除清净，香泥涂地，以妙香水，重洒其上。（《佛本行集经》）

（9）于晨朝时，澡浴清净，将好种种微妙之香，用涂其身。（《佛本行集经》）

在汉语发展过程中，"干净"取代"净洁、清净"等表示洁净的词语，成为常用词，经常与"打扫、沐浴、洗、擦拭"等词组合构成动结式，保留至现代汉语。

"清楚、明白、糊涂、仔细"等词都是具有人性值的形容词，充当结果补语时语义上经常与施动者关联，在动结式的发展史上，出现时间最晚。这些词在指向主体论元的动结式产生之初便以双音节的形式存在，构成多音节的动结式。如：

（10）道人一一审问明白。（冯梦龙《警也通言》）

（11）露滴香埃，风静闲阶，月射书斋，云锁阳台；审问明白，只疑是昨夜梦中来，愁无奈。（王实甫《西厢记》）

（12）东坡命从人去问：相府中适才出来者何人？从人打听明白，

回复是丞相老爷府中掌书房的，姓徐。（元代话本选集《王安石三难苏学士》）

（13）你只是交到黄昏戌时，就见明白。［明小说《三宝太监西洋记》（三）］

其次，在现代汉语共时层面，"干净、整齐、清楚、明白、糊涂、结实、仔细"等词的使用频率高于与之同义的单音节形容词"净、齐、清、明"等。比如，"听明"和"听明白"在现代汉语中同时使用，表达相同的意思，但是两者的使用频率却截然不同，我们在北京大学 CCL 语料库中以"听明"为关键词检索其使用频率，发现前 500 例中，仅有 17 个例句以动结式"听明"为谓语核心，排除 11 例非动结式，剩下 472 例都是以动结式"听明白"存在的，说明动结式"听明白"的使用频率远远高于同义的"听明"。

总之，具备充当结果补语的语义基础，且产生时间晚、使用频率高、无可替代的同义单音节形容词是少量双音性质形容词充当结果补语的原因。

3.2.3　形容词结果补语的形式鉴别标准

［+可变］和［+可控］是形容词充当结果补语的必要语义特征，这两个特征说明形容词结果补语具有动态性和可调控性。语法研究中形式和意义必须相互渗透、相互验证（朱德熙，1982），形容词结果补语的动态性和可控性需要找到形式上的表现加以验证，以明确结果补语选择形容词的标准，使语义标准具有可操作性，使形式标准具有语义基础。

3.2.3.1　形容词"动态"性的鉴别标准——"变+形容词+了"

词类范畴中，形容词的时间性和过程性特征仅次于动词。汉语中常常把可以主观量度的形容词看作动态的，表示说话人期望达到某种性质状态或达到某种程度变化。也就是说，形容词的"动态性"表现为随着时间的变化，事物在状态上发生"质"的转变或程度上发生"量"变。"'了'表示变化，'没'是对变化的否定。因此，动性越强，选择'了'和'没'就越自由。"（张国宪，2006：103）因此，检验形容词的动态性可根据是否能进入"____+了"的句法格式来判断。

"____+了"格式将状态形容词排除，状态形容词表示事物或动作的状态，凸显的是程度量点，在量幅上没有延伸。在时间的变化过程中，状态形容词所呈现的状态是相同的、静态的，没有动态性，更无法用后附"了"的形式表示其变化。

但是"____+了"强调性状在无外力的作用下，自然而然发生的变化，属自变。结果补语所表状态强调在某种力量的作用下发生的变化，这种力量可以是自变也可以是他变，尤其强调他变。我们用表示泛义变化的动词"变"来测试形容词所表状态的变化是否受到某种力量，尤其是外力的影响而变化，即用"变+____"的句法格式来判断。能进入该格式的形容词便具备了充当结果补语的"动态性"的语义特征，否则不能。

3.2.3.2 形容词"可控"性的鉴别标准——"形容词+（一）点儿"/"别+形容词+了"

[+可控]这一语义特征是形容词进入祈使句式的必要条件。[+可控，-贬义]是形容词进入"形容词+（一）点儿"格式构成祈使句的语义特征（陆俭明，2005：120）；而"别+形容词+了"格式构成的祈使句中的形容词也具有[+可控]的语义特征。"别+形容词+了"否定式祈使句中的形容词是非褒义形容词，而"形容词+（一）点儿"中的形容词是非贬义形容词，两者形成互补关系。

我们将非褒义形容词能否进入"别+形容词+了"格式，非贬义形容词能否进入"形容词+（一）点儿"作为判断形容词是否具有"可控"性的标准。能进入上述两种句法格式中的任意一种构成祈使句的形容词具备[+可控]的语义特征，具备充当结果补语的语义特征之一，否则不能充当结果补语。

我们将[+可变]和[+可控]两个语义特征作为判断形容词能否充当结果补语的必要语义特征，形容词必须同时满足这两个条件才拥有充当结果补语的语义基础。

如表3-1所示，"棒、倔、矮、干净、明白"等词能够同时进入"____+了"和"变+____"格式中，具有充当结果补语的能力。"佳、珍贵"只能进入其中一个格式，只有"动态性"，不具"可控性"；"嫩₄、雪白"两种格式都不能进入，不具备结果补语要求的语义基础，"佳、珍贵、嫩₄、雪白"都不能充当结果补语。

表 3-1　形容词结果补语形式鉴别例示

例示	变+＿＿＿	＿＿＿+一点儿/别+＿＿＿+了
棒	让身体变棒了。	棒一点儿！
佳	能让心情变佳的食物。	*佳一点儿！
倔	性子变倔了。	别倔了。
矮	人老了，个子变矮了。	矮一点儿。
嫩₄	*我变嫩了，看走眼了。	*嫩一点儿。／*别嫩了。
干净	地变干净了。	干净点儿！
明白	他变明白了。	明白点儿！
珍贵	大熊猫越来越少，变珍贵了。	*珍贵点儿！
雪白	*大地变雪白了。	*雪白点儿！

3.3　结果补语对动词的选择限制

学界一般认为能够充任结果补语的动词是少数的，到底哪些动词能够充当结果补语，目前已有一些相关成果。

王力（1943/1985）认为充当结果补语的动词须是不及物动词。

王红旗（1995）收集的能作结果补语的动词有 116 个，但其中很多词的词性归属问题存在争议。有些词如"火、慌"等在《现代汉语词典》（第6 版）中被当作形容词，"明白、活ᵤₐₙ、秃、光"等词既有形容词义项，又有动词义项，但充当结果补语时都采用的是形容词义项，其动词义项是不能充当结果补语的。

陈巧云（2000）考察了 115 个能够作结果补语的动词，不包括意义虚化的动词补语，如"动、完、见、掉"等。该文认为能够充当结果补语的动词是表变化的非自主动词，但这只是一种理论上的可能性，在言语现实中充当结果补语的动词还有"节奏韵律"的制约，常见的动词性结果补语是单音节的，115 个动词性结果补语中有 96 个是单音节的。

徐丹（2000）将动结式的两个组成部分分别称作"上字""下字"。其在考察 528 个单音节动词的基础上，认为 59 个动词可以作下字，这些词具有"完结、有果"的语义特征，且都包含动作的终点。与此同时，其提出了"下字"的形式判断方法，即不能与"着""正在"组合，不能重叠。

王玲玲、何元建（2002）收集了 70 个能够充当结果补语的动词，其中 63 个是实义动词，7 个是虚化了的动词。

辛永芬（2003）收集了 120 余个能够作结果补语的动词，都是表变化的非自主动词。

俞士汶（1998）认为有 156 个能够充当结果补语的动词。

刘芬（2011）通过将词典释义分立多个义项看作单个词来考察，发现能够充当结果补语的单音节动词有 87 个。充当结果补语的单音节动词具有消极义和不及物两个倾向性特征。除此之外，其还探讨了结果补语动词的两个重要的区别性特征——非自主性和既有起点又有终点（或起点、终点重合）。

从现有的研究成果中我们可以看出，充当结果补语的动词具有以下三个特征：形式上主要是单音节的；语义上具有可变性、非自主性特征；认知上具有非持续性、有界特征。

为了界定、厘清能够充当结果补语的动词的特征，我们从语义、句法、情状三方面对充当结果补语的谓词进行多维考察，并从情态的角度对这些词进行了分类，发现有三类动词可以充当结果补语。

（1）达成动词：败、爆、崩、绷、病、丢、掉、到、滚、毁、卷、见、开、落、破、撒、散、输、睡、死等。

（2）状态动词：怵、懂、疯、服、够、惯、会₂、乐、明白、毛₂、恼、怕、忘、习惯、瞎、哑、晕、肿等。

（3）活动动词：飞、混、活动、哭、趴、跑、笑、翻₂等。

上述三类动词充当结果补语的能力呈递减趋势，即达成动词>状态动词>活动动词。施春宏（2008：69）也曾指出能作动结式补语的都具有达成类的情状特征，但并非所有的达成动词都能做补语动词，并且结果补语也不仅仅由达成类动词充当，少数状态动词和活动动词也能充当结果补语。那么结果补语对动结式的动词还有哪些限制，结果补语的选择、限制条件的动因是什么呢？这是本部分要探讨的内容，具体包括三方面问题：为什么有的达成动词能够充当结果补语，有的不能，各有什么样的特征？什么样的状态动词能够充当结果补语，为什么？什么样的活动动词能够充当结果补语，为什么？

3.3.1 动词充当结果补语的基础语义特征

3.3.1.1 达成类动词充当结果补语的语义基础及动因

"达成"是动词情状类型之一，情状分类影响最大的是 Zeno Vendler（1967）的四分法，即将情态划分为四个类型：活动（activity）、完结（accomplishment）、达成（achievement）、状态（state）。邓守信（1985）将时间结构分为起点（inception）、过程（duration）、终点（termination），并据此将 Vendler 提出的四种类型进一步阐释。

> 活动：表明纯粹的动作过程。开始以后动作本身便是目标，别无其他目标。表示活动的开始或进行。
> 完结：表明达到了动作的目标。达到目标之前不存在，发生于瞬间，指明活动完结的终点。
> 达成：表明情况的出现（状态的发生或转变）。指明状态变化的起点或终点。
> 状态：表明一个情况的存在，恒久不变。

目前关于情态类型划分的语义特征为［±动态］［±完成］［±持续］三组，其中活动、完结、达成三类情态具有动态特征，状态具有静态特征。我们将前人（Dowty，1979；邓守信，1985；陈平，1988；杨素英，2000等）关于这四类词的主要语义特征研究总结如下。

状态词：［-动态］［+持续］

活动词：［+动态］［-完成］

完结词：［+动态］［+完成］［±持续］

达成词：［+动态］［+完成］［±持续］

从以上总结中，我们不免对［±持续］这一组语义特征的区别作用产生怀疑，杨素英（2000）早在2000年也提出了这种质疑，并用［±结果］［±时限］两组语义特征取代它，依据新标准将汉语动词的情状分为五类：状态动词［-动态］［-时限］、活动动词［+动态］［-时限］、有时限活动动词［+动态］［±时限］、有结果指向词［+动态］［-结果实现］、有结果实现词［+动态］［+结果实现］。杨素英等（2009）通过区分时间终点和空间终点，根据动态的强弱将汉语动词进一步细分为状态词（无动态、弱动态）、活动词（弱动态、强动态）、瞬时活动、指向结果（确定结果、模糊结果）和包含结果（确定结果、模糊结果）五大类九小类。这种细致的划分帮助我们进一步认清了动词的情貌特征，我们赞成这种观点，认为达成类动词具有［+动态］［+完成］［+结果实现］的特征。

动结式所表示的复合事件是一个过程结构，要求包含事件发生的起点和终点。一般情况下，原因事件由述语动词承担，表示事件的起点；结果事件由补语承担，标志动作事件的结束、动作结果的产生，即状态的开始。因此，能够进入动结式补语位置的词必须是一个有界的动词，包含动作的终点。状态的改变和驱使力是致使结构不可或缺的核心要素，"状态的改变"要求动结式的补语谓词必须是可变的、动态的变化动词，［+可变］这一语义特征是谓词充任结果补语的前提；而结果补语本身就表示动作或状态引发的结果，即施事或受事者状态的改变，蕴含结果的实现。因此，达成类动词和结果补语具有相同的语义基础，达成类动词充当结果补语具有天然的优势。

然而，并非所有的达成类动词都能充当结果补语，只有那些能在外力作用下产生结果的词，即不受补语动词主体控制的词才能充当结果补语。因为动结式的另一核心要素"驱使力"表明，结果补语谓词所表状态必须是在外力作用下形成的，是非自主的，那些自主的达成类动词都不能充当结果补语。因此，非自主性是结果补语对达成类动词进入动结式补语位置的一种语义限制。可以说，［+他控］性是结果补语谓词的另一核心特征，我们采用广大学者更为熟悉的［-自主］这一术语来表示。至此，我们将能够充当结果补语的达成类动词的语义特征描述为［+动态］［+结果实现］［-自主］。

根据马庆株（1988）鉴别非自主动词的标准，我们可以排除不能充当结果补语的达成类动词。马庆株（1988）运用动词单独使用能否构成祈使句及动词前后能否加上"来/去"的方法鉴别，具体为：不能进入以下 8 种格式中任一格式的动词为非自主动词：①V+（祈使语气）；②V+O+（祈使语气）；③V+来/去；④V+O+来/去；⑤来/去+V+来/去；⑥来/去+V+O+来/去；⑦来/去+V；⑧来/去+V+O。据此，我们考察杨素英（2009）统计的包含结果的达成类动词中不能充当结果补语的单音节自主性达成动词有：

撤、等、冻、赶、关、滚、害、合、还、交、解、戒、碰、起、惹、删、逃、停、吐$_2$tǔ、推、退、谢、变、放、降、夸。

而双音节达成类动词都不能充当结果补语，如"摆脱、报销、暴露、爆发、拆除、偿还、打倒、打破、答复、达到、到达、稳定、颠倒"等。

3.3.1.2 能够充当结果补语的状态类动词的语义特征

能够充当结果补语谓词的一个重要前提特征就是动态性。理论上看，状态类动词的主要语义特征是静态性，不具备充当结果补语的语义基础。但词类是一个渐变的连续统，少数状态词具有弱动态性，如"怵、懂、疯、服、够、惯、会$_2$、乐、明白、毛$_2$、恼、怕、忘、习惯、瞎、哑、晕、肿"等能够充当结果补语，究其原因仍可归结到结果补语的核心特征上去，即这些词具有［+可变］［+他控］的特征。

上述能够充当结果补语的状态词主要是表示心理活动的感觉类动词，具有一定的可变性、弱动态性。陈平（1988）将静态的状态动词分为表示属性或关系的动词、表示心理或生理状态的动词、表示处所位置的动词三类，认为它们的静态性质有程度强弱的区别，第一类的静态性最强，第二类次之。杨素英等（2009）也将表示心理或生理状态的词看作弱动态词，这类词具有一定的动态性，满足结果补语要求的［+可变］性特征。

这些能够充当结果补语的状态词也是少数的，并非所有的表示心理活动的状态词都能充当，对其起限制作用的语义条件便是［+他控］性。也就是说，能够充当结果补语的状态词所表状态都必须在外力的作用下产生，不能是自发产生的，这些词不能表现有意识的动作行为，即不能是自主动词。"有意识的动作行为指的是能由动作发出者做主，主观决定，自由支配的动作行为。"（马庆株，1988）能够充当结果补语的心理活动动词要么不能由动作的主体自由支配，如懂、会、瞎、晕等，要么既可以有受动作主体支配的自主能力，也能具有受外力影响产生的非自主特性，这类词具有双面性。

3.3.1.3　能够充当结果补语的活动动词的语义特征

能够充当结果补语的活动动词数量更少，我们统计的能够充当结果补语的活动动词只有"飞、混、活动、哭、趴、跑、笑、翻₂"等少数几个词。它们之所以能够充当结果补语，一是因为这些词都能表示不自主的意义，可以用来表示非意志控制状态；二是因为这些词本身是动态的，但也可以用来表示持续或静止的状态，表明状态变化的起点。这些特点满足结果补语对谓词自上而下的语义要求。

3.3.1.4　少数动宾式、并列式合成词充当结果补语的语义动因

除了上文分析的非自主达成类动词、弱动态状态词及少数具有非自主用法的活动动词能够充当结果补语外，还有少量双音节动词或短语能够充当，主要有以下三类。

（1）动宾式合成词：变形、岔气、出名、出格、出圈儿、出神、到手、到头、断气、动心、动情、掉队、掉色、感冒、流血、卷口、入迷、散架、上当、上门、上瘾、脱皮、生气、走眼、走调儿、走火儿、走样儿、走嘴
（2）并列式合成词：残废、混淆、成熟、习惯、颠倒、活动
（3）动趋式合成词：趴下、剩下

这类数量非常少。根据阅读考察的材料，我们尽可能穷尽列举，收集的也只有上述少量词语。这些词充当结果补语时与动词搭配具有很强的选择性，有些甚至是单一搭配，如"走眼"只与"看"搭配，"走调"只与"唱、弹"等搭配，"掉色"只与"洗"等搭配。这类词构成的动结式搭配非常不自由，生成能力差，述语动词和补语之间的规约性较强，具有"熟

语性"（吴为善等，2008）。

吴为善等（2008）认为这些动宾式合成词之所以能够充当结果补语的三个原因中的两个分别为：一是其"动作性"很弱；二是这些词都具有非自主特征，所表结果状态都是由外力作用或环境刺激产生的。而这些正是满足了结果补语自上而下对谓词［+可变］［+他控］的语义要求。

同理，根据张国宪（1997）关于双音节动词"动性"强度等级序列排列"前加/后附>偏正>补充>陈述>支配>联合"，其他并列式合成词的"动性"也弱，具有充当结果补语的语义基础，且这些并列式合成词都是偏义复指词，其语义主要由其中一个语素承当。而这个语素能充当结果补语，如与"残废"对应的"残"、与"混淆"对应的"混"、与"成熟"对应的"熟"、与"习惯"对应的"惯"、与"颠倒"对应的"倒"、与"活动"对应的"活"等都能单独充当结果补语，所以这些词有充当结果补语的语义基础。但由于能够被同义的单音节词替代，所以上述并列式合成词充当结果补语的频率较低。

3.3.2　结果补语对动词的其他限制

［+可变］［+他控］是结果补语谓词的两个核心语义特征，满足这两个条件的谓词在理论上都具有充当结果补语的可能性，但在语言现实中，结果补语谓词还受其他条件的限制。

3.3.2.1　双音节达成类动词几乎都不能充当结果补语

结果补语对谓词的选择除语义要求外，便是音节上的限制。即便是满足结果补语语义要求的达成类双音节动词，也不能充当结果补语，如：

> 摆脱、传达、传染、达到、打倒、打破、得到、防止、改正、纠正、看见、满足、埋没、明确、破坏、碰见、改进、改良、改善、说服、说明、遇到、遇见、推动、推翻、推广、缩小、提高、证明、增加、增长、展开、逃走、听见、削弱、延长、靠近、取得、夸大、扩充、扩大、放松、养成、减少、降低、消除、消灭、消失、赢得、制止、报销、暴露、爆发、避免、出发、出现、拆除、偿还、撤销、充满、答应、答复、到达、颠倒、断绝、发明、发生、发现、放弃、听

取、分裂、粉碎、告别、回答、获得、醒悟、健全、结束、解放、解
决、禁止、拒绝、离开、流露、蒙蔽、谋害、深入、倒退、加强、退
还、表决、促使、俘虏、结合、破裂、抹杀、没收、排除、叛变、启
发、便宜、启发、切除、屈服、取消、丧失、失败、失去、实现、收
获、损害、损失、坦白、听说、停顿、停止、通过、统一、投降、脱
离、完成、忘记、稳定、泄露、占领、指定、准许、变化、超过、促
进、端正、发扬、发展、丰富、感动、巩固、轰动、恢复、降落、接
近、解散、觉悟、开展、弥补、迁移、衰亡、突出、糟蹋、震动、下
降、完毕、灭亡、命令、毕业、闭幕、复员、离婚、增产

这种双音节词不能充当结果补语的理由有三。第一，从外因上看，受汉语双音节化的影响，动结式的本身是一个复杂的事件结构，结果补语优先选择单音节谓词充当。这种倾向性表现与形容词结果补语一致。第二，从内因上看，这些动词的构词方式都是"动词性语素+动词性语素"的格式，本身是一个复杂的合体性结构，包含一个动作及指示该动作结果的行为（连动式）、状态（动补式）、方向（动趋式）、方式（偏正式）等，已经蕴含了动作的各种附加成分，无法再由某一外力致使形成一个新的联系紧密的复杂结构。此外，还有部分词是自主动词，不符合结果补语要求的非自主特性。

3.3.2.2　结果补语谓词的独立性差，不能单独成词

有些结果补语谓词所表状态的外在致使力规约性高，在历史的演变过程中，单独表义的范围逐渐缩小，丧失了独立性，整个动结式已凝固成词，结果补语以合成词构词语素的形式存在于动补式合成词中，如：

没：淹没、埋没、隐没、吞没、沉没
明：申明、说明、阐明
变：改变、蜕变、演变、嬗变
合：糅合、配合、融合
退：击退、打退、撤退

3.3.3　动词充当结果补语的形式鉴别标准

3.3.3.1　动词"动态"性的形式鉴别标准

［±动态］［±持续］［±完成］是以自然的时间流逝为参照点，根据动词在时间轴上各时点所表现出来的性质归纳出来的三组语义特征，它们是划分动词情态类别的区别性特征。动态和静态是一组对立的概念。静态是"在时间轴上所有时点呈现出相同状态的情状，是一种均质的时间结构"（陈平，1988：152）。动态则相反，要么在时间轴上只占据一个时点，不能容纳时段，如瞬间动作动词"死、断、熄、明白"等；要么"情状在时段的各个时点上呈现出来的性质并不是完全一样的"（陈平，1988：152）。通俗地说，动态性指动词所表示的活动、变化、感觉、状态等是运动的、变化的，不是静止不变的。根据 Comrie（1976：49）的定义，静态情状的维持不需外力作用，而动态的活动或时间的维持则需要外力的持续作用才能保持。

静态动词不能用于进行体。Vendler（1967）、Dowty（1977）和 Smith（1997）都是用能否进入进行体作为动态和静态的区分标准。汉语没有时态，一般用表示行为进行的"在"作为测试标准检验动词的动态性（陈平，1988；郭锐，1993）。杨素英等（2009）认为动词的静态、动态情状是一个渐变的系统，没有截然二分的区别。动态性有强弱之分，很多弱动态动词并不能用"在"检验出来，他们倾向于用"在"检验强动态动词，用"着"检验弱动态动词。如"爱"和"姓"，一个是心理活动动词，一个是属性动词，两者都是静态动词；但是"爱"蕴含有弱动态性，其所表状态有中断、发生变化的可能性，"爱"能与"着"连用，表示状态的持续，而"姓"则不能。

结果补语本身表示由动作引起的状态的变化，蕴含着状态的产生和持续两个不同的时间节点，要求充当结果补语的谓词具有弱动态性，而非强动态性。因此，活动动词都不能充当结果补语。而用于检验强动态动词的类体标记词"在"也不能作为检验结果补语动态性的标志。我们更倾向于语言学界已形成的共识："着"用在动词后面表示动作的持续或动作造成的状态的持续，而非判断动态性的标准。

结果补语强调的是一个状态的发生或转变的过程，我们用动词之后能否加"了"的方式来鉴别结果补语动词的动态性，用句法槽"＿＿＿+了"表示。能够进入该句法槽的动词具有动态性，否则不具备。这样我们可以排除属性或关系动词，如"姓、是、属于、好像、当作、值得、等于、配、显得、以为、认为、算、允许、标志、意味"等，试比较。

（1）结果补语动词：断了、败了、重了、丢了、见了、卷了、变形了

（2）属性或关系动词：＊好像了、＊以为了、＊是了、＊等于了、＊标志了

由于结果补语动词的动态性较弱，所以用能否进入"在+＿＿＿"的格式检验结果补语动词的动态性的强弱：能够进入该句法槽的动词都是强动态动词，不能充当结果补语。我们用能够进入"在/正/正在+＿＿＿"句法槽的方式排除活动动词、表示复变情状的强动态动词，如"吹、拉、打、跳、听、看、弹、吃、喝、带、抓、爬、闹、散步、探望、提倡、想、思考、考虑、关心、注意、体会、改良、提高、变化、恶化、减少、推翻"等。

这里需要补充说明的是，结果补语动词本身就已经是一种弱动态状态了，因此没有重叠形式。结果补语谓词不需要再通过重叠的方式来弱化其动态性了，所以是否有重叠形式也可以作为判断结果补语谓词动态性特征的一个参考标准。

3.3.3.2 动词"非自主"性的形式鉴别标准

马庆株（1988）研究了一套完整的动词"非自主"性的鉴别方法，即用动词单独使用能否构成祈使句及动词前后能否加上"来/去"的方法鉴别。具体为：不能进入以下8种格式中任一格式的动词为非自主动词：①V+（祈使语气）；②V+O+（祈使语气）；③V+来/去；④V+O+来/去；⑤来/去+V+来/去；⑥来/去+V+O+来/去；⑦来/去+V；⑧来/去+V+O。

我们将其简化，以能否进入"去+＿＿＿"句法槽构成祈使句作为判断结果补语谓词是否具有"非自主性"的标准，由此可以排除自主的表心理活动的弱动态状态词及自主的达成类动词，如"爱、喜欢、恨、轻视、害怕、等、赶、关、逃"等。

动词必须同时满足上述三个句法条件才能充当结果补语。下面用表 3-2 简要概括三个句法槽的功能。

表 3-2　动词充当结果补语能力的形式鉴别方式

句法槽	功能
是否能够进入"在/正/正在+＿＿"	过滤出活动动词及复变类动词等强动态动词
是否能够进入"＿＿+了"	过滤出状态动词（包括属性动词）等静态动词
是否能够进入"去+＿＿"	过滤出自主性达成类动词及弱动态状态词

3.4　结果补语选择谓词的特点

3.4.1　谓词充当结果补语的能力是有层次的

结果补语选择谓词除了需要满足最基本的语义特征外，还会受到音节、使用频率、自身独立性、与动词的组配能力等因素的限制。谓词所受限制越多，充当结果补语的能力越差，表现出明显的倾向性规律，即：

单音节谓词>双音节谓词

使用频率高的谓词>使用频率低的谓词

能够独立成词、单独使用的谓词>独立性差的谓词

与动词的组配能力强的形容词>与动词组配能力弱的形容词

其中，不等式左边的谓词类别充当结果补语的能力强于右边的。根据我们的考察，由于上述种种条件的限制，在能够充当结果补语的谓词内部，充当结果补语的能力也呈现出一定的层次性。根据与结果补语谓词组配的述语动词的特征（包括述语动词语义特征和数量的多样性），我们将谓词充当结果补语的能力分成不同的等级。

Ⅰ　充当结果补语的能力弱：只能与"变、搞、弄"等泛义动词组配

只能与"变"或"搞、弄、干、做"等泛义动词组配构成动结式的谓词充当结果补语的能力最弱。"变、弄、搞、干、做"这些词具有很强的搭配能力，其中以"变"为最，能与所有的形容词结果补语组合；而"搞"几乎能

与所有的动词结果补语组配构成动结式。我们认为，只能与"变"组合构成动结式的形容词和只能与"搞"组合构成动结式的动词可看作充当结果补语能力最差的集合，但这类词中的单音节词不多，主要是双音节形容词，如：

背$_2$(不顺利)、背$_3$(听觉不灵)、纯$_2$(纯粹、单纯)、倔、枯$_2$(井、河流等)变得没有水、狂、哀怨、安全、安分、安静、安宁、安闲、安详、呆板、暴躁、迟钝、粗心、糊涂、荒凉、活泼、厉害、虚心、爽快、轻松、发达、繁重

"搞、弄、变"尤其是"变"的适应面较广，几乎能与所有的形容词组合。大多数双音节性质形容词既能满足上文提到的结果补语的语义基础特征，也能进入我们提出的形式鉴别标准，但与之搭配的述语动词仅限于"变"或"搞、弄"等泛义动词。因此，我们在对结果补语进行计量统计时，排除能且只能与"变"搭配的形容词。

Ⅱ　充当结果补语的能力次弱：与之搭配的述语动词具有较强的规约性

有的谓词只能跟有限的几个述语动词组配构成动结式，述语动词和补语谓词的语义之间有着较强的规约性，如"醉"只能和"喝、灌"组配构成动结式；"阴$_1$、晴"只能和"刮"构成动结式，"饱满"只能和"长"组配、"乖$_2$、滑$_2$、精$_2$、巧$_1$"等单音节形容词只能与"学"搭配构成动结式等。这些词充当结果补语的能力也较弱。我们对《汉语动词-结果补语搭配词典》中列举的动词搭配数量少于 3 的结果补语进行统计，共有以下谓词：

与 1 个动词组配构成动结式：饱满、草、抽、蠢、嘀咕、丰满、高兴、寒心、滑、慌、灰心、豁、尖锐、就绪、均匀、冷、猛、木、难、黏、趴下、赔、平均、清醒、晴、确实、神、睡、顺口、顺手、酥、太平、淘气、通顺、愚蠢、冤、晕、细致、兴奋、炸、转、壮实、准确、仔细、走调、走样儿、走嘴

与 2 个动词组配构成动结式：安定、安稳、暗、爆、馋、潮、彻底、出圈儿、端正、钝、飞、复杂、富、过火儿、花眼、猾、浑、机灵、寂寞、焦、紧凑、精、精确、具体、宽敞、恼、嫩、拧、披、便宜、平稳、舒服、秃、完全、旺、温、笑、絮烦、严实、野、匀称、扎实、胀、醉

这种低组配能力的结果补语在《汉语动词-结果补语搭配词典》中共91个，占该词典统计的整个结果补语总数的28.3%。

Ⅲ 充当结果补语的能力强

大多数结果补语，尤其是单音节形容词结果补语的组配能力是比较强的，这是结果补语的主体部分。充当结果补语能力较强的谓词具有以下特征：单音节；独立性强；用作结果补语的频率高；能够搭配的述语动词数量多。

《汉语动词-结果补语搭配词典》尽量列出了能与结果补语搭配的动词和少数形容词，其所涉语料范围广泛；收集的例句主要为报纸、杂志、小说、剧本、电影和日常口语中的语料，具有较强的真实性。我们以此为封闭式语料，考察其中所列的结果补语与动词的组配能力，具体分为1~9个、10~29个、30~49个、50个及以上，见下表3-3。

表3-3 《汉语动词-结果补语搭配词典》中补语搭配动词数量

搭配动词数量段	1~9	10~29	30~49	50及以上
结果补语数量	226	68	13	15
百分比	70.2	21.1	4.0	4.7

从表3-3中我们可以看到，大多数结果补语只能与1~9个述语动词组配，其数量占《汉语动词-结果补语搭配词典》收集的322个结果补语总数的70.2%。这也说明结果补语与述语动词的组配并不是自由的、无条件的，即使组配能力较强的结果补语与述语动词之间也有一定的规约性。

能与30~49个动词组配的结果补语共13个，包括：

长（31[①]）、大（34）、够（35）、进（32）、累（34）、腻（32）、破（31）、熟（30）、遍（40）、多（42）、给（47）、死（47）、下（41）

其中，"进"和"下"是趋向动词虚化表结果，"死""破"也处于虚化过程中，"给"的动词功能发生虚化，但能否充当结果补语值得商榷。我

---

① 例字括号内数字为《汉语动词-结果补语搭配词典》列举的能与之组配的动词的数目。

们认为它起介引作用，不表结果，不把它看作结果补语谓词。因此，组配能力在 30~49 个动词之间的结果补语只有 8 个，占 2.5%。

　　Ⅳ　充当结果补语的能力虚化

　　从汉语史上看，最早出现的动结式补语是由"杀、死、灭、折、败、破、乱、坏"等充当的。这些动词由他动变为自动，由隔开式连动结构演变为动结结构。这些早期出现的结果补语，演变到现代汉语，很多发展成为虚化结果补语。结果补语虚化的重要句法特征是与之组配的述语动词范围扩大，结果补语对述语动词选择的自由度高。毋庸置疑，这类结果补语的组配能力最强。但此时结果补语所表具体结果状态的功能开始弱化，转而表示抽象的、类似于时体意义的完成义。由于其所表示的语法意义已经开始偏离结果义，我们将虚化结果补语看作谓词充当结果补语能力达到顶峰后的回落。我们统计的《汉语动词-结果补语搭配词典》中组配能力突出的谓词基本上是虚化结果补语，如下表 3-4 所示。

表 3-4　《汉语动词-结果补语搭配词典》中补语搭配动词数量（排行前 15）

例词	到	成	上	出	错	在	开	坏	完	好	掉	满	着	住	走
与之组配的动词数量	290例	131例	128例	125例	120例	117例	115例	104例	104例	98例	80例	79例	63例	60例	50例
虚化	是	是	是	是	否	*	是	否	是	是	是	否	是	是	否

　　由于"在"不能独立充当补语，而是与其后的名词性成分组合共同构成补语，我们将"在"归入介词，不纳入结果补语系统中。那么，组配能力超过 49 个动词的结果补语有 14 个，其中发生虚化的有 10 个，占 71.4%。未发生虚化的"错、坏、满、走"等词充当结果补语也都有各自的特殊之处，我们将在后文详细讨论。

3.4.2　结果补语谓词呈现出弱动态性

　　[+可变] 和 [+可控] 是谓词充当结果补语的基础的、核心的语义特征，这两个条件是结果补语选择谓词的必要条件，缺一不可。其中可变性指动作产生的结果从一种状态转变为另一种状态，这种状态转变可以是一个由此及彼、由弱至强的逐渐发展的渐变过程，也可以是两个截然对立状

态的瞬时转变。"放松、晒干、学聪明"中的"松、干、聪明"在程度上有一定的伸展性，其实现过程就是一个渐变的过程，而"拉倒、扯断、看完"中"倒、断、完"是一个瞬间动作动词，其状态的实现是一个瞬时变化的过程。表示瞬时变化的结果补语大多数由动词承担。需要说明的是，不管结果补语所表状态是渐变的还是瞬变的，其所表状态的动态性都是一种弱动态性。

这种弱动态性是通过与不能充当结果补语的形容词和动词的比较得出的。静态和动态是根据某个词在时间轴上所有时点呈现出的状态划分的情状类别。在整个词类系统中，动词最容易随时间影响发生变化，最不稳定；名词最稳定，不易受时间变化而变化；形容词介于二者之间，主要表示"恒定事件，但也能表述变化事件"，"二者之间并不存在着不可逾越的鸿沟"（张国宪，2006：9），说明形容词与动态和静态都有一定关联。而我们所讨论的能够充当结果补语的形容词与动态的联系更为紧密。尽管形容词可以表述变化事件，呈现出动态性，但与动词相比，这种动态性是分析出来的弱动态性，而非显而易见的强动态性。

充当结果补语的动词主要是非自主达成类动词、弱动态状态词、少数具有非自主用法的活动动词以及少量具有非自主特征的弱动作性动宾式、并列式合成词。充当结果补语的动词数量不多，但情状特征分布分散，除非自主性特征外，这些动词的共性特征直指弱动态性。具有强动态特征的活动动词是不能充当结果补语的，即使非自主的活动动词充当了结果补语，如"飞、跑、走"等也不再表示其本义所代表的强动态义，而选择弱动态义——"离开"；相反，具有弱动态的静态动词，如"懂、疯、恼、怕、习惯、忘、哑、肿"等词却能充当结果补语。

因此，相对于形容词的一般特性而言，结果补语谓词具有动态性；相对于强动态的活动动词来说，结果补语谓词的动态性又弱一些。总之，充当结果补语的谓词所表动态是弱动态的。

3.4.3 结果补语谓词具有双重时间结构

我们认为，结果补语谓词具有两种时间结构，一种是内在的，一种是外在的。外在的时间结构有终点，对动结式的动词所表动作事件起"界化"作用，表明动作事件所表动作的结束；内在的时间结构具有起点，表明动作事件结束后所引起的结果或状态的开始。因此，充当结果补语的谓词必须包含一个起点和一个终点，但这两个时间结构的位置却属于不同的层次。或者说，汉语动结式是一个有界的结构，包含着起点和终点，述语动词所表动作有终点，结果补语所表状态有起点，而结果补语的状态不一定有终点。

这与当前学界认为"述语位置的动词包含动作的起点，补语谓词包含动作过程的终点"（徐丹，2000；施春宏，2008）的观点有所不同。结果补语重在表现由动作引起的状态的起始，强调状态的起点。而结果补语谓词的动态性则重在说明结果补语谓词所表状态有"可变"的潜质，但并不能就此认为结果补语谓词本身包含过程的终点。当单独考察结果补语谓词的特性时，我们发现由于强调状态的转变，而不是"动作"的变化，能够充当结果补语的谓词"动性"较弱，具有一定的状态性；这些词必须具备状态变化的起点，并且作为一种实现后的新状态，可能会持续下去，不一定有状态变化的终点，所以结果补语既可以是持续的也可以是非持续的。

具体地说，结果补语谓词具有"界化"作用，标志述语动词所表动作的结束，但并不能表明自身是否蕴含过程的终点。动词充当结果补语时，表示动词本身所蕴含的过程终止，状态的起始；当由形容词充当结果补语时，由于形容词本身的动态性弱，状态性强，结果补语表示新状态的实现或新的程度量的实现，但该状态或该程度量并不一定结束。

3.4.4　结果补语谓词在整个词类系统中呈连续统分布

从时间结构看，充当结果补语的谓词是一个连续统，在整个词汇系统中的位置我们可以用图 3-1 来表示。

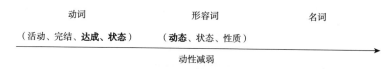

图 3-1　结果补语谓词的动态性

从图 3-1 可以看出，"动性"较强的活动动词和完成动词不能充当结果补语，只表静止状态的形容词也不能充当结果补语，介于这两者之间的有"动态"特征，又能表示状态起点的谓词才能充当结果补语。"状态"表明一种情况的存在，状态动词则表现为"一种较稳定较恒久的心理或生理状况"（邓守信，1985：35），如"喜欢、知道、认识、了解、明白、生气"等词。但状态动词中有一部分词具有弱动态性，也能充当结果补语。因此，从结果补语谓词的时间性特征（动性强弱）的角度看，能够充当结果补语的动词和形容词在整个词类系统中是连续分布的。

3.5 结果补语谓词的计量统计

3.5.1 形容词结果补语计量统计

3.5.1.1 形容词结果补语计量统计方法

我们对《现代汉语词典》（第6版）中的形容词充任结果补语的情况进行了分义项全面考察，统计了其中能够作结果补语的情况。具体统计方法为：

分单、双音节考察；

提取《现代汉语词典》（第6版）中所有标注为 形 的单音节形容词义项，排除方言和书面语中的形容词；

提取《现代汉语词典》（第6版）中所有标注为 形 的双音节形容词义项，排除属性词、状态形容词（不能受"稍微、比较、很、最"系列程度副词修饰的形容词）；

根据能否同时进入"＿＿＿＋了"和"变＋＿＿＿"排除不成词形容词义项、定量性质形容词；

根据能否在 CCL 语料库、BCC 语料库及百度搜索引擎中找到除"变＋＿＿＿"以外的动结式排除使用频率低下、充任结果补语能力低下的形容词。

3.5.1.2 形容词结果补语计量统计结果

A.（a）单音节形容词结果补语（236个词，398个义项）。

矮$_{1,2}$、暗$_{1,2}$、凹、白$_{1,2,3}$、棒、薄$_{1,2,3,4}$、饱$_{1,2}$、背$_{2,3}$、笨$_{1,2}$、扁、瘪、惨$_1$、糙、草、差$_{2,3}$、馋$_{1,2}$、长、潮$_1$、沉$_{1,2,3}$、陈、诚、痴、迟、冲$_2$、稠、丑、臭$_{1,2,3}$、纯$_{1,2}$、蠢$_{1,2}$、次、粗$_{1,2,3,4,5,6,7}$、脆$_{1,2,3}$、错$_1$、大$_1$、呆$_{1,2}$、淡$_{1,2,3,4}$、低$_{1,2}$、刁、陡、毒、短、对、钝$_1$、多$_1$、恶、饿、乏、烦$_{1,2}$、反、方、肥$_{1,2,3,4}$、废、疯、富、干$_{1,2}$、高$_{1,2}$、乖$_{1,2}$、怪、光$_{1,2}$、广、贵、憨、好$_{1,2,3,4,5,6}$、黑$_{1,2,3}$、狠$_{1,3}$、横（héng）$_3$、横（hèng）、红$_{1,2}$、厚$_{1,2,3}$、花$_{1,2}$、滑$_{1,2}$、坏$_{1,2,3}$、慌、黄$_1$、灰、浑$_{1,2}$、活$_{1,2}$、火、急$_{1,2,3}$、挤、假、尖$_{1,2,3}$、奸、贱$_{1,2}$、僵$_{1,2}$、娇、焦、紧$_{1,2,3,4,5}$、近$_{1,2}$、精$_{2,3}$、净$_{1,2}$、久、旧$_2$、绝、倔、均、俊、渴、空（kōng）、枯$_{1,2}$、苦$_{1,2}$、快$_{1,2,3}$、宽$_1$、狂、旷、困、阔、辣$_{1,2}$、赖$_2$、蓝、懒$_{1,2}$、烂$_{1,2,3}$、牢、老$_{1,3,5,6,7}$、累、冷$_{1,2,3}$、愣、凉$_{1,2}$、亮$_{1,2,3}$、聋、绿、乱$_{1,2}$、麻$_{1,2}$、满$_1$、慢$_1$、忙、毛$_{1,2}$、美$_{1,2}$、闷（mèn）、猛、密、明、木$_{1,2}$、难、嫩$_{2,3}$、腻$_2$、蔫$_{1,2}$、黏、能、浓$_{1,2}$、暖、胖、皮$_{1,2,3}$、偏$_{1,2}$、平$_{1,2}$、破、齐$_{1,2,3}$、浅$_{1,2,4,5}$、强$_{1,2}$、巧$_{1,2,3}$、勤$_{1,2}$、轻$_{1,2,3,4}$、青$_1$、清$_{1,2}$、晴、穷、全$_1$、热$_{1,2}$、柔、软$_{1,2,3,5}$、弱$_1$、骚、涩$_{1,2}$、傻$_{1,2}$、膳、少、深$_{1,2,3,4,5}$、生$_2$、盛$_1$、湿、实$_{1,2}$、瘦$_{1,2,3}$、熟$_{1,2,3,4,5,6}$、帅、爽、顺、死$_{1,2,3,4}$、松$_{1,3}$、酥$_{1,2}$、俗、素、酸$_{1,2,3,4}$、碎、烫、疼、甜$_1$、铁$_1$、通、痛、透$_1$、秃$_{1,2,3}$、土$_3$、妥$_{1,2}$、歪$_{1,2}$、弯、晚$_2$、旺、温、稳$_1$、稀$_{1,2}$、细$_{1,2,3,5,6,7}$、咸、香$_{1,2,4}$、响、小$_1$、邪$_{1,2}$、斜、腥、凶$_{1,2}$、虚$_2$、严$_{1,2}$、艳、洋、痒$_{1,2}$、妖、野$_{2,3}$、阴$_{1,2}$、硬、迂、冤、圆$_{1,2}$、远$_1$、匀、杂、脏、糟$_{1,2}$、早$_2$、窄$_{1,2}$、正$_{1,4}$、直$_{1,2}$、重$_{1,2}$、专、壮、准、紫、足

（b）不能充当结果补语的单音节形容词（128 个义项，其中 34 个词完全不能充当结果补语）。

矮$_3$、安、板$_{1,2}$、暴、背$_1$、笨$_3$、差$_1$、冲$_{1,3}$、纯$_3$、错$_2$、大$_2$、淡$_5$、低$_3$、独、繁、高$_3$、古、旱、好$_{5,7,8,9}$、狠$_2$、横$_{1,2}$、厚$_{4,5}$、黄$_2$、急$_4$、佳、尖$_4$、精$_1$、静$_{1,2}$、旧$_{1,3}$、空（kòng）、宽$_{2,3}$、愧、烂$_4$、老$_{2,4,8}$、良、烈、灵$_{1,2}$、鲁、满$_2$、慢$_2$、闷（mēn）、妙$_{1,2}$、闹、嫩$_{1,4}$、腻$_{1,3}$、配、

破$_2$、浅$_{3,6}$、强$_{3,4}$、亲、青$_2$、全$_2$、软$_4$、弱$_{2,3}$、善、深$_6$、生$_{1,3,4}$、盛$_2$、瘦$_4$、竖$_{1,2}$、松$_2$、碎$_2$、甜$_2$、铁$_{2,3}$、同、头、凸、秃$_4$、土$_{1,2}$、晚$_1$、稳$_{2,3}$、细$_4$、鲜$_{1,2,3}$、闲$_{1,2}$、险、香$_{3,5}$、小$_2$、新$_{1,2,3,4}$、行、虚、硬$_3$、优、远$_2$、早$_1$、窄$_3$、躁、真$_{1,2}$、整$_{1,2}$、正$_{2,3}$、直$_{3,4}$、总$_{1,2}$

《现代汉语词典》（第 6 版）中共包含 270 个单音节形容词，526 个义项，其中 236 个词能够充当结果补语，占单音节形容词总量的 87.4%；34 个词完全不能充当结果补语，约占 12.6%。

B. 双音节形容词结果补语（122 个）。

由于双音节性质形容词大多数情况下只能与泛义动词"变"结合构成动结式，且数量庞大，我们在统计双音节结果补语时排除能且只能与"变"搭配的形容词。具体排除方法是：使用北京语言大学 BCC 语料库逐一检索《现代汉语词典》（第 6 版）中所有的双音节性质形容词与动词搭配组合成"V+A"的情况，在其统计基础上通过人工辨识的方式，剔除非动结式，遴选出动结式，如果能够与该形容词搭配构成动结式的述语动词不止"变"一词，我们便认定这个词能够充当结果补语，将其统计在本词表内，否则不予统计。如，BCC 综合语料库中与形容词"充分"搭配的动词有 100 多个，但构成动结式的有"强调充分、准备充分、讲充分、想充分、利用充分、燃烧充分"等，因此，我们认定"充分"能够充当结果补语，纳入本词表。

安定、安稳、饱满、彻底、成功、充分、充足、聪明、出格儿、出名、到家、端正、恶心（看~）、丰满、复杂、干净、高兴、工整、光滑、过分、过火、过头、好看、合理、合适、糊涂、缓慢（调整~、周转~）、灰心、昏头、浑浊、活跃、机灵、积极、寂寞、尖锐、简单、骄傲、结实$_1$、结实$_2$、紧凑、精确、具体、均匀、宽敞、牢靠（连接~、控制~）、老实（回答~）、利落（绑缠~）、利索、凉快、麻木、迷糊、明白、模糊（看~、摸~）、年轻、暖和、皮实、便宜、漂亮、平均、平坦、平稳、平整（挖~）、平缓（放~、梳~）、朴素、齐备（采购~、准备~、布置~）、齐全、谦虚、勤快、轻松、清楚、清淡（吃~）、清醒、全面、确实、舒服、熟练、爽快、顺口、顺手、太平、淘气、调皮、通顺、透彻、妥当、妥善、妥帖（准备~、安置~、收拾~、办~）、完全、完整（补充~、保存~）、稳当（停~、举~）、稳妥、细致、详实（考核~、记叙~）、详细、消沉、消极、兴奋、兴旺、秀气、虚心、絮烦、严格、严实、严重、厌烦、臃肿、愚蠢、圆滑、圆熟（磨~）、匀称、扎实、真实、整齐、正常、正确、周到、周全、周密、周详（计划~、考虑~）、壮实、准确、仔细

3.5.2　动词结果补语计量统计

由于充当结果补语的动词数量较少，我们在《现代汉语语法信息词典详解》（1998）、《现代汉语述补结构用法数据库》、《汉语动词-结果补语搭配词典》（1987）、王红旗（1995）、刘芬（2011）的统计基础上取最大值。然后根据我们提出的动词充当结果补语的形式鉴别标准及《现代汉语词典》（第6版）的词性定位，排除"毙"等自主动词、"沉、烦、明、馊、秃"等形容词、"进、出、上、下、起"等趋向动词、"成为、给、在、嘀咕、达、作、拢、讫、撕、损、为、诸、做"等不表结果的动词、介词及不成词语素，得到的能够充当结果补语的动词有140个，具体如下：

败、爆、崩、绷、遍、病、变形、残、残废、岔气、沉、成、成熟、重、怵、抽、出、出圈儿、出神、穿、串、倒（dǎo）、倒（dào）、丢、掉、到、到底、到手、到头、得、懂、动、断、颠倒、定、翻、飞、疯、服、够、惯、鼓、滚、糊₂、化₁、黄₂、毁、会₂、昏、混、混淆、豁、活、活动、及格、尽、净、见、卷、绝、就绪、开、哭、垮、亏、落、乐、愣、裂、流血、漏、毛₂、蒙、没、灭、恼、腻₂、趴、趴下、怕、跑、赔、披、破、瘸、溶、溶化、入迷、洒、撒、散（sǎn）、散架、散（sàn）、伤、上当、上门、上瘾、折、剩、剩下、胜、输、睡、死、碎、顺、塌、通、透、瘫、退、吐、脱、完、忘、熄、习惯、瞎、响、笑、醒、赢、哑、晕、砸、炸、涨、胀、着₁、肿、中（zhòng）、住、赚、转（zhuàn）、走、走调儿、走样儿、走嘴、皱、醉

此外，没有出现在上述文献中的以下双音节动词也能充当结果补语（11个）：

断气、动心、动情、掉队、掉色、感冒、卷口、脱皮、生气、走眼、花眼

据此，我们收集到的能够充当结果补语的动词共计 151 个。

3.6 小结

汉语典型的动结式是致使结构中的一种类型。通常认为，动结式所代表的一个完整致使事件包含致使者（致事）、致使方式、被致使者（役事）和致使结果四个语义要素。致使者是整个致使事件的施动者或引发者，通常由表示动作施事的名词充当；致使方式是被致使者产生结果的方式，由动结式中的动词充当；被致使者是动作的承受者，通常是动作的受事，结果事件的主体；致使结果是在致使力的作用下被致使者发生的状态变化。其中致使方式和致使结果是整个致使事件中不可或缺的核心要素，整个事件结构要求表示致使结果的补语满足［＋可变］［＋可控］两个核心语义特征。因此，充当结果补语的谓词必须是动态可变、能受某种力量的影响而发生变化的非自主谓词，具体包括具有程度伸展性的非定量性质形容词、非自主达成类动词、弱动态状态词、少数具有非自主用法的活动动词和少量具有非自主特征的弱动作性动宾式、并列式合成词。［＋可变］［＋可控］这两个条件是结果补语选择谓词的必要条件，缺一不可。

我们以能否进入"变+形容词+了"格式检测形容词的动态性特征，以能否进入"形容词+（一）点儿"或"别+形容词+了"格式检测形容词的他控性特征。由于充当结果补语的动词的动态性是一种弱动态性，所以我们用排除法的形式界定，以能否进入"在/正/正在+____"排除强动态动词，以"____+了"排除静态动词，以"去+____"排除自主动词。这样能够进入"____+了"格式，不能进入"在/正/正在+____"和"去+__"格式的动词能够充当结果补语。

理论上来讲，符合上述语义条件和形式鉴别条件的谓词都能充当结果补语，但与语言事实存在出入。因为谓词充当结果补语的能力是有层次的，充当结果补语的谓词除了必须具备上述核心语义特征外，还受到音节、使用频率、与动词的组配能力等因素的限制。结果补语谓词表现出明显的单

音节趋势，同义的单音节词比双音节词充当结果补语的能力强；单独使用时，使用频率高的词比使用频率低的词充当结果补语的能力强；与动词组配的能力越强，充当结果补语的能力越强。结果补语谓词要具有独立性，必须是可以独立使用的词，不能是短语。早期出现的由动词充当的部分结果补语发生虚化。

结果补语呈现出弱动态性，结果补语谓词在整个词类系统中呈连续统分布。结果补语谓词具有双重时间结构，对外界化述语动词，对内标明状态的起点。结果补语是对述语动词时间结构进行界化的语法手段。

现代汉语结果补语主要由单音节性质形容词充当，《现代汉语词典》（第6版）中所收录的单音节形容词有236个，共计398个义项对应的形容词能够充当结果补语；双音节形容词有122个能够充当结果补语；我们收集的能够充当结果补语的动词有151个。

4 基于深层语义的结果补语语义指向对象

汉语结果补语语义指向分析是计算机解读动结式的主要方法之一。从共时层面上看，语义指向分析包括指向对象、指向方向、指向数量、指向范围等多个维度，不同维度的指向受不同因素的制约。其中结果补语的语义指向对象是结果补语语义上的直接关联成分，是理解汉语动结式的基本途径，也是结果补语语义指向分析的根本内容。我们以"语义双向选择论"为指导思想，运用原型理论对名词性结果补语语义指向对象的论元结构作全方位分析，并分析动词性结果补语语义指向对象的类别特征。

4.1 结果补语语义指向对象概述

4.1.1 结果补语语义指向对象的内涵

邵敬敏（1987）首先提出了"指、项、联"的概念，论述了副词语义指向研究的三个方面：副词语义联系所指的方向、能与副词发生语义联系的成分的数量、副词在语义上同时联系的对象。税昌锡（2005：50）在邵敬敏的基础上增加了"配"的概念，"'配'即成分间语义组配的能力，指一个成分在语义上能够跟另一个成分组合的可能性"，并将"指、项、联"的概念进一步扩大到所有具有语义指向能力的成分中。"'项'即语义配项，指能与一个成分在语义上发生联系的数项；'指'即语义指向的方向或方式；'联'即语义指向对象，指一个成分和别的成分构成语义指向关系时，语义上同时联系的对象"。形式语义学在研究副词"都"的语义联系对象时，将其称为"语义关联成分、语义关联对象"（袁毓林，2005；熊仲儒，2008）。我们认同邵敬敏和税昌锡关于"指、项、联"定义和内涵的阐述，但采用更通俗、更容易理解的术语"语义指向对象"来表示结果补语语义指向对象或结果补语语义关联对象。

综上,我们认为,语义指向是多维度、分层次的,包括语义指向对象、指向方向(指向)、指向范围(指域)、指向数量(指量)四个不同的层面。如:

> 当她哭湿了他的肩膊,他什么都给她。 (张小娴《月亮下的爱情药》)

上例动结式"哭湿"中结果补语"湿"的语义指向对象是"他的肩膊";指向方向是"后指";指向单句内句法成分,是内指;只指向一个成分。这四个维度是同一事物的不同方面,受不同因素的影响,反过来又影响句法语义不同层面。

由于结果补语语义指向方向讨论的是动结式及其论元成分的句法配置问题,灵活性较强,但是不管在什么样的句法结构中,结果补语语义指向对象一般不会发生改变;此外,无论结果补语语义指向范围是否在小句内部或者是否出现,其指向对象一般也不会发生改变,因此,语义指向对象是语义指向分析的根本内容。

4.1.2 结果补语语义指向对象研究存在的问题

语义指向对象的性质分析是语义指向分析的重头戏,但是国内目前关于结果补语的语义指向分析存在着两种混乱现象。

一是"语义指向"这一术语的所指对象混乱。首先,"指向"一词既可以当动词用,也可以当名词用(参见沈开木,1996)。其次,当名词用的"语义指向"这一术语包含三个概念:"语义指向分析方法""语义指向对象""语义所指方向"。我们认为,有必要对上述三个概念加以区分限定。

二是指称"语义指向对象"时,没有区分句法结构关系与语义结构关系,将语义关联对象的句法功能和语义角色混为一谈。现有研究中关于补语语义指向的分类主要从语义指向对象的功能和语义的角度进行的。第一,从结果补语语义指向对象的功能分类:王红旗(1997:154)从语义指向对象的词类归属角度将结果补语的语义指向对象分成不指向任何成分[①]、语义指向为述语动词、语义指向为体词三种；石毓智（2003：161）从语义指向对象的句法功能角度将补语语义指向分为指向主语、谓语动词和宾语三类；施春宏（2008）也从补语联项的词类角度将动结式分成指名式和指动式两类。第二，从结果补语语义指向对象的语义性质分类：马真、陆俭明（1997）将形容词结果补语的语义指向分为指向行为动作本身、当事人的人体器官或人体某部分、行为动作的受事、主事、工具、动作的产物、处所、距离等 10 种语义角色；王红旗（1997：154）也从语义角色的角度将体词性语义指向对象分成主体、施事、施事其他、受事、结果、工具、处所、对象、伴随、致使、旁及等 11 类。上述第一种分类过于粗糙，无法体现结果补语语义指向内部的差异；第二种分类过于细致，又无法体现其中的类别。

此外，目前大多数的研究将结果补语语义指向对象的句法功能和语义性质混为一谈，将两套术语糅合在一起表述补语的语义指向对象。虽然汉语的施事和主语、受事和宾语在古汉语中有着严格的对应关系，但现代汉语句子的语序发生了重大变化。主语并非只能由施事充当，宾语并非总是受事。主语、宾语和施事、受事分别是句法和语义两个层面的术语，两者之间没有对应关系。而当前关于结果补语语义指向对象的描述存在着混用两套术语的乱象，如补语语义指向谓词（动词），指向体词（名词），指向施事主语、处所主语、受事宾语、受事主语、工具宾语、伴随宾语、旁及宾语，等等，导致结果补语语义指向对象名目繁多、杂乱无序。

4.1.3　结果补语语义指向对象的类别

为避免功能分类的粗糙、语义分类的过于细致、句法语义分类混为一谈等问题，我们坚持从深层语义的角度梳理结果补语语义指向，在呈现差异的基础上，也显示出彼此之间的类别关系，根据结果补语语义指向对象的语义角色的不同，将结果补语语义指向对象分为以下几类，如图 4-1 所示。

结果补语语义指向对象以"人或物"等实体为典型，"动作行为"为非

[①]　王红旗将"不指向任何成分"称为无语义指向，如"到、见、着、动、住、掉、好"等意义虚化的词充当结果补语时，结果补语语义无指向。我们不赞同这一说法，认为上述意义发生虚化的词充当结果补语时，虽然词汇意义模糊了，但从语法意义上看是对述语动词的一种说明，可以看作语义指向动词的补语。

典型。其中"人或物"的主要语义角色包括动词 V1 的主体论元、客体论元和外围论元三类。这三类论元又分别包含有下位论元，主体论元下位论元以施事为典型，客体论元以受事为典型，外围论元类型多样，以工具为典型。语义指向对象为动作行为的结果补语内部是不同质的：有的结果补语语义发生虚化，有的未虚化；发生虚化的结果补语的虚化程度不同，与述语动词的整合程度也不同。完全虚化的结果补语，语义指向动作行为，只表示时体意义；未发生虚化的结果补语包括单指动作行为发生的时间及兼指动作行为与人、物实体两种类型。

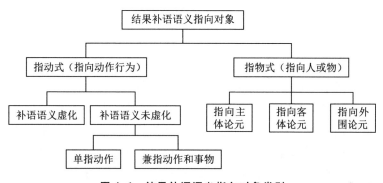

图 4-1　结果补语语义指向对象类别

从历时的角度来看，语义指向对象不同的结果补语来源也不同。梁银峰（2006）从句法来源上分析，认为补语语义指向客体论元的动结式源于古汉语的使成句式；指向主体论元的动结式受前者类推作用的影响，产生于古汉语的自动句式；而现有关于指动式动结式的历时研究主要考察的是由动词虚化而来、表示完成体意义的"毕、卒、尽、已、罢、成"等词充当结果补语的形成过程和时期。未发生虚化的语义兼指式与单指式指动式结果补语的形成时期和过程尚未见讨论。

4.2　基于论元结构分析的指物式动结式

4.2.1　指物式结果补语谓词的语义类别

从事件语义结构来看，动结式表达的是一个原因—结果复合事件。原因子事件和结果子事件的所有论元（包括主体论元和非主体论元）都有被指的可能性。指物式结果补语谓词主要由形容词充当，而由动词充当的结果补语语义上也都与人或物关联。语义指向就是要找出某一句法成分在语义上的直接联系对象，即找出两个成分在语义特征上最高程度的联系或匹配，包括该成分蕴含的语素义特征及引申义特征。"语义的双向选择性"思想认为"词与词的组合不是随意的，而是由双方的选择所决定。事实上，每一个词都具有一个可供组合的个体选择网络，你选择人家，人家也选择你，从而构成一个综合选择的网络"（邵敬敏，2004：101）。因此，要想弄清楚结果补语语义上与谁关联，就必须要弄清楚充当结果补语的形容词和动词的语义类别。

概念上看，形容词表示事物的性质或状态；功能上，形容词起修饰作用。形容词的概念义和表述功能决定了形容词不是自足的，其意义不像具有指称作用的名词，在没有修饰和陈述的情况下，能够独立存在。形容词总是依附于被修饰的成分。也就是说，形容词所表性状需要借助现实世界的客观事物或行为为载体来呈现。比如，形容词"多"的概念义需要借助具有"数量大"这一属性值的事物来体现。作为修饰成分，形容词必有相应的指称成分与之同现，而语言中担负指称作用的是表示人或事物名称的名词。理论上，形容词与名词之间的联系具有很强的心理现实性，在任何句法环境下，形容词与名词都有着天然的、直接的语义联系。

赵春利（2012）曾指出"名词的哲学分类与通过一定属性值的形容词对一定语义特征的名词的选择聚合所体现出来的分类是相同的"。形容词总是跟与其语义特征相同的名词组合在一起，并表现出相应的名词的语义类别特征。据这一规律，赵春利（2012）根据形容词所修饰的名词性将形容词分成主体、事体、物体、时空和评价五大类，其中，评价形容词不是独立的类别。王惠等（2006）也将形容词的语义体系分成事性值、物性值、人性值、时间值和空间值五大类。这种分类依据与赵春利相同，删去评价类别更着眼于形容词本身的客观属性。

从语言事实上看，上述五类形容词的动性特征有强弱之分：具有人性值、物性值和空间值的形容词静态性较强，与占据一定空间的名词性成分联系紧密，语义上直接指向名词性成分的可能性大一些；具有事件值、时间值的形容词动性较强，更容易与时间过程特征显著的表动作事件或变化事件的动词、动名词组合。

这种分类与张国宪（2005：17）有异曲同工之妙，张国宪依据形容词依存对象的不同，将其分为表物形容词和表行形容词两类，并将表物和表行视为形容词语义范畴的两极，中间有既能表物又能表行的形容词。由于表物形容词所指过于笼统，难以区分生命度较高的人性值形容词与一般表物形容词，不利于形容词语义指向论元的句法投射等问题分析，我们在其研究的基础上根据形容词依存对象的不同及形容词所表生命度等级的高低，对形容词进行进一步的下位分类，具体如图4-2所示。

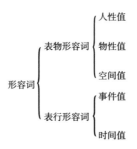

图4-2　形容词分类

需要特别指出的是，有些形容词既修饰生命度等级高的人或动物，也修饰生命度等级低的一般事物，如"大、小、美、俗"等词，我们将这类形容词称为共相形容词。

动词表示动作行为，起陈述作用。动词在概念上同形容词一样，不是自足的。客观现实中，动作行为的实现需要借助于动作的发出者（施动者）、动作的承受者（受动者）等来实现。动作的发出者、承受者都是由表示指称作用的名词性成分承担。因此，动词充当结果补语时，理论上语义都与名词有着直接的语义关系，而我们则可以从动词依存对象属性值的角度对动词分类，但从语言事实上看，意义发生虚化的动词，如"见、住、到、完"等除外，它们充当结果补语时语义指向复杂，并不仅仅指向名词，我们将在后文中专门讨论。

这样我们就可以断定：指物式结果补语由人性值、物性值、空间值形容词及未虚化的动词充当。其具体分类见表4-1。

表 4-1　指物式结果补语谓词语义类别

指物式结果补语谓词			
	形容词	人性值	背、笨、馋、诚、痴、蠢、呆、刁、恶、饿、乏、烦、疯、富、乖、憨、狠、慌、奸、娇、倔、俊、渴、苦、狂、困、阔、懒、累、愣、灵、聋、忙、毛、木、腻、能、胖、巧、穷、弱、骚、傻、帅、爽、疼、痛、邪、凶、虚、洋、痒、妖、野、迂、冤、躁、专、壮
		物性值	暗、凹、扁、瘪、草、潮、沉、稠、脆、淡、低、陡、毒、短、钝、多、反、方、高、光、广、贵、枯、黄、灰、挤、假、焦、净、静、旧、空、宽、辣、蓝、烂、牢、老、绿、满、嫩、浓、暖、平、破、齐、轻、青、清、晴、全、涩、生、盛、湿、死、酥、素、烫、甜、通、弯、旺、温、稳、稀、咸、响、小、斜、艳、圆、杂、脏、重、紫、足、差、长、陈、迟、冲、次、错、对、火、紧、绝、均、旷、密、明、难、膳、少、深、顺、松、铁、透、妥、腥、匀、糟、正、准确
		共相形容词	大、矮、饱、白、棒、薄、惨、糙、丑、臭、纯、粗、肥、废、干、好、黑、横、红、厚、花、滑、坏、浑、活、急、佳、尖、贱、僵、精、苦、赖、冷、凉、亮、乱、麻、美、闷、闹、蔫、黏、皮、偏、浅、强、勤、热、柔、软、实、瘦、熟、俗、酸、碎、秃、土、歪、细、香、严、阴、硬、窄、直
	动词	人性值	病、败、残、残废、岔气、怵、出格儿、出神儿、得、懂、疯、服、够、惯、会、昏、混、混淆、活、见、哭、乐、愣、流血、明白、毛₂、蒙、恼、趴、趴下、怕、瘸、伤、上当、上门、上瘾、胜、输、睡、死、瘫、退、吐、忘、习惯、瞎、笑、醒、赢、晕、赚、走调儿、走嘴、醉
		物性值	爆、崩、绷、遍、变形、成、重、抽、出圈儿、穿、串、断、颠倒、糊、化、黄、豁、活动、尽、卷、开、落、裂、漏、灭、披、破、溶化、洒、撒、散 sǎn、剩、剩下、碎、顺、塌、透、脱、熄、响、砸、炸、涨、致、肿、胀、走样儿
		共相动词	残、沉、成熟、倒、丢、掉、到、到手、到底、到头、动、定、翻、飞、滚、毁、净、绝、垮、亏、没、跑、赔、散 sàn、散架、折、通、完、哑、着、中、住、转、走、皱

4.2.2　指物式动结式的论元结构分析

人或物等概念在语言上用名词性成分表示，指物式结果补语即语义指向名词的结果补语。理论上看，句中出现的任何名词性成分都有被指的可能。结果补语语义指向的名词性成分的论元角色与其句法投射联系紧密。由于指物式结果补语主要由形容词充当，形容词所支配的论元也就是其所表性状的主体。因此，我们从动结式"动词"的角度入手，分析其所支配的论元与结果补语语义指向名词之间的关系。由于论元角色本身的复杂性，国内外关于论元角色划分的精细化程度不同，使用的术语也不同，我们采用袁毓林（2004a）关于论元角色的划分依据进行分析。

论元角色（thematic role，也叫题元角色、论旨角色、语义角色）是"由谓词根据与其相关的名词短语之间的语义关系而指派给名词短语的语义角色"（袁毓林，2004a）。通俗地说，论元角色就是某一句法成分（主要是名词或名词性短语）所担当的语义角色。这种角色关系主要依据其与述语谓词之间的关系来提取，包括谓词所指动作发生时涉及的主体、客体，动作行为发生时的场所、起点、方向、终点、原因及其引起的结果、凭借的工具、使用的材料等。论元角色是语义的，非句法的。

论元（argument）指带有论元角色的名词性成分。论元是论元角色的载体，名词性成分的论元角色不是在词库中规定好的，而是在名词进入具体的语言环境后，由具体的句法环境指派给它的。同一个名词在不同的句法环境中可能承载不同的论元角色。比如：

刀：磨刀（受事）/打了一把刀（结果）/用刀切菜（工具）
石头：鸡蛋碰石头（系事）/捡石头（受事）/用石头砸门（工具）

但是，哪些名词性成分经常被指派哪种论元角色有一定的倾向性规律。一般情况下，具有［+有生］的语义特征、能动性较强的名词经常用来作施事，具有［+地点］特征的名词经常用来作处所，作工具的名词性成分一般具有［+器具］的语义特征。与人性值形容词关联的名词性成分主要是动词的主体论元，以主语作为其主要的句法实现形式；与物性值形容词关联的名词性成分以客体论元为主，以宾语作为其主要的句法实现形式；而与空间值形容词关联的名词性成分主要是外围论元，以状语作为其主要的句法实现形式。

动结式的论元与动词 V 和补语 R 的论元之间有着错综复杂的关系。由于充当结果补语 R 的谓词主要是一价的形容词和动词，这些谓词只支配一个主体论元，因此，动结式的论元主要与动词 V 的论元产生各种纠葛。目前学界一般将动结式的论元结构称为表层论元结构，将动词 V 和补语 R 的论元结构称作底层论元结构，用"同指"和"异指"说明它们的关系。我们将三者的关系以补语 R 为参照点，概括为以下三种类型：

动词 V 的主体论元与补语 R 的主体论元同指，叠合为动结式的主体论元；

动词 V 的客体论元与补语 R 的主体论元同指，叠合为动结式的客体论元；

动词 V 的外围论元与补语 R 的主体论元同指，叠合为动结式的客体论元。

也就是说，当动词 V 的主体论元与补语 R 的主体论元相同时，叫做"语义同指"或"主体同指"；当动词 V 的客体论元或外围论元与补语 R 的主体论元相同时，叫做"语义异指"（施春宏，2008）。我们以上述三种类型为纲分述指物式动结式的论元结构特征。

4.2.2.1 结果补语语义指向动词 V 的主体论元

第一，指向主体论元的动结式的整体特征。

一般认为，主体是具有自主能力的活动者，是人，但不限于人。动物、自然物等也有一定的活动能力，如"熊吃饱了""风刮大了"中的动物"熊"和自然物"风"都有一定的活动能力，是动作"吃"和"刮"的发出者，可以做主体。客体是相对于主体而言的，是主体的活动对象，一切事物或实体，包括人自身都可以充当客体。主体和客体与人和物之间有着倾向性对应规律（如表 4-2 所示）。这种对应规律从某种程度上也说明了论元角色与客观世界中的概念语义之间的象似性程度存在差异。

表 4-2 主客体与客观事物对应关系

主体	客体
人	物
（不限于人，还包括动物、自然物、创造物等）	（不限于物，还包括他人、自身等）

这里我们所说的主体是动作的"行为者"，任何与起因意义有关的东西

都可能成为动作的主体。而典型的主体是施事，"典型的施事特征是有理性的、有明确目的的自动的行为者"（张伯江，2002：486）。汉语动结式是致使结构的典型，其语义特征就是在某种力量的作用下而产生的某种结果或发生的某种状态改变，汉语动结式强调动作行为的目的性、意愿性。因此，典型动结式的主体由典型施事来充当。张伯江（2002）在著名的"人类>动物>无生命物"的框架下，提出了施事蕴含的语义特征：叙述者、有理性、有意愿、有生命、生物性、自动力、可移动和具体性，一个名词包含的这些特征越多，施事性越强。

袁毓林（2004a）所指的主体论元包括施事、感事、致事和主事四种，除部分致事外，如"弟弟的话使我很难堪"中"弟弟的话"是"物"而非"人"，主体论元基本上由"人"充当。主体论元是一个以"施事"为原型的范畴，由"人类"充当施事的主体论元是原型，"动物"次之，"自然物"再次之；人类、动物、自然物的生命度、意愿性逐渐减弱，其作为主体的原型特征也逐渐减弱。这种特征在动结式的原型上也有所映射：第一，由"人"或"动物"充当主体论元的动结式，动作的发出者具有较强的主观能动性，能够发出活动性较强的动作，此时，V1由动词充当，可以构成致使义动结式，是典型的动结式，如"吃饱了、听懂了、看清楚了"；当然也能构成非典型性动结式——评价义动结式，如"小明学聪明了""人来多了"等。第二，由"自然物"等无生命物充当主体论元的动结式，动作发出者的能动性较差，V1的选择范围较窄，一般由特定的动词或形容词充当，构成致使义较差的非典型动结式——自变式动结式，如"风刮大了""雨下大了""霜打重了"等。需要说明的是，"睡醒、长大、长高、变漂亮"等动结式的主体论元虽由生命度较高的有生名词充当，但"睡、长、变"等由能动性较差、影响力较弱的自变动词充当，这类动结式也是补语语义指向主体论元的"自变式动结式"。

我们以"宝宝吃饱了"为例，分析补语语义指向动词 V 的主体论元致使义动结式的语义结构（见图4-3）；以"宝宝睡醒了"为例，分析补语语义指向动词 V 的主体论元的自变义动结式的语义结构（见图4-4）。

事实上，自变义动结式的两个子事件之间的致使性因果关系并不明显，结果状态的产生并非受外力的影响而形成，而是由动作主体自身的内力产生，其所表的自然力更为明显。"宝宝醒"的状态并不是由"宝宝睡"造成

图 4-3　指向主体论元的致使义动结式的语义结构

图 4-4　指向主体论元的自变义动结式的语义结构

的，"风大了"也不是由"风刮"造成的。自变义动结式存在的原因主要是在语义上强调结果状态形成的方式，强调内力或自然力的影响，结果补语前的自变动词是语义羡余成分，起补足音节作用。

第二，指向动词 V 的主体论元的补语谓词特征。

主体论元的典型语义特征为动作行为或状态变化的主体，是动作的发出者。从语义上看，典型的主体论元具有［＋生命］的语义特征。根据语义双向选择原则，语义指向主体论元的结果补语谓词也要求具有［＋生命］的特征。因此，这类结果补语主要由人性值形容词和动词充当，当然兼具人性值和物性值的共相谓词也能充当这类动结式的补语，只是不典型。

第三，动结式主体论元的静态特征。

动结式中动词 V 的主体主要由施事充当，其次是主事，感事充当结果补语的主体论元的次数较少，主事主要出现在具有自变特征的动结式中。例如：

（1）去年底，据报载：北京百鸟园的一群鸿雁，<u>吃胖</u>了，不飞了。（《人民日报》1998-01-13）

（2）而《尼尔斯历险记》中的少年，则变成了一个小不点儿，他能够听<u>懂</u>鸟类的语言，并进行了一次充满冒险的旅行。（大江健三郎

《生的定义》)

(3) 现在离婚的多了，我都<u>看习惯</u>了。(六六《蜗居》)

(4) 所以这次我<u>学聪明</u>了，所有的问题没有写在纸上，而是记在了这里。(杨澜对话热点人物：杨澜访谈录Ⅱ)

(5) 刘老师<u>累倒</u>了。

这里的"吃胖""听懂""看习惯""学聪明"就是由具有人性值的有生谓词充当补语的动结式。动结式"累倒"中的"倒"则是一个既可以依存有生名词，也可依存无生名词的共相动词。"胖"语义指向"吃"这一动作的施事——"鸿雁"，"懂"指向"听"的施事"他"，"习惯"指向"看"的施事"我"，"聪明"指向"学"的主事"我"，"倒"指向"累"的感事"刘老师"。

动结式主体论元的具体角色性质是由动结式的语义类型及 V1 的性质决定的。典型的动结式具有较强的致使义，V1 由动作义强的活动动词充当，此时，结果补语所指的主体论元为施事；自变义动结式的致使义较弱，V1 主要由动作义弱的"长、变、弄"等词充当，此时结果补语所指的主体论元为主事；而当 V1 由形容词充当时，结果补语所指的主体论元是感事，如"她累病了"中的"病"语义指向"她"，是"累"的感事。但是，施事、感事、致事和主事没有对立价值，即使不区分也不影响主体论元角色系统的大局。

第四，动词 V 的主体论元在动结式中的句法特征。

这类动结式常常是一价的不及物结构，但也有二价的，我们根据动结式的配价数将补语语义指向动词 V 主体论元的动结式分为不及物动结式和及物动结式两种。

A. 不及物动结式

A1 类　V1+R1　　如：站累、急哭、长胖、睡醒、刮大、流干、吓傻、饿瘦

A2 类　V2+R1　　如：洗累、学聪明、吃胖、看傻、爱痴

A3 类　V3+R1　　如：挂累、写晕、送懒

B. 及物动结式

B1 类　V1+R2　　如：跑赢了对手

B2 类　V2+R1　　如：喝醉了酒、吃饱了饭（特殊）

B3 类　V2+R2　　如：听懂、看习惯、说忘、吃够、听清楚、学会

补语语义指向动词 V 主体论元的动结式的及物性与补语的配价数密切相关，与述语动词的配价数无关。当补语是一价的，动结式也为一价；补语为二价的，动结式也为二价。

4.2.2.2　结果补语语义指向动词 V 的客体论元

第一，指向客体论元的动结式的整体特征。

哲学上认为，客体（object）是存在于主体之外的事物，是"可感知或可想象到的任何事物"。客体"既包括客观存在并可以主观感知的事物（具体的如树木、房屋，抽象的如物价、自由），也包括思维开拓的事物（如神话人物）"（《GB/T15237.1－2000 术语工作 词汇 第 1 部分：理论与应用》）。一般情况下，客体与没有生命的自然界的"物"是对等的，但客体并不限于物。客体与主体是相互对立、相互统一的。一定条件下，客体和主体之间会发生转变，常常充当主体的生命体——人也可以作为被认识、被作用的对象，变为客体。语言学上的客体是动作行为作用的对象，是动作行为的承受者。客体是主体的对立面。客体论元是相对于主体论元而言的，常见的客体论元包括受事、与事、结果、对象和系事五类。客体论元是一个以"受事"为原型，其余四个典型性依次递减的范畴。

指向客体论元的动结式可以构成最典型的致使义动结式。从语言类型学的角度来说，这一类动结式与英语的致使结构——动结式相似度最高。典型的致使义动结式与致使事件结构之间的相似性极高。致使义动结式的概念语义中一般包含致使事件结构的主要构成成分：致事、致使行为、致使对象和结果状态。其中，致事以施事为语义原型；致使行为必须具有较强的影响力和能动性，以活动性较强的行为动词为原型；致使对象以致使行为的受事为原型。典型的致使义动结式包含的概念语义特征为"X Cause Y Become Z"，其语义结构表现为［致事+致使行为+受事］Cause［主体+结果状态］。所有的动结式都可以分解为原因事件和结果事件两个子事件。典型的致使结构中原因事件的语义结构由"致事+动作+受事"构成，结果事

件的语义结构由"主体＋结果状态"构成，其中结果事件中的"主体"与原因事件中的"受事"共指，可以用图表示语义指向动词 V 的客体论元的致使义动结式，如"妈妈洗干净了衣服"的语义结构（图4-5）。

图4-5　指向客体论元的动结式的语义结构

第二，指向动词 V 的客体论元的补语谓词特征。

客体典型的语义特征是动作行为作用的对象，是动作的接受者。典型的客体论元具有［-生命］的语义特征，语义双向选择原则要求指向客体论元的结果补语谓词也具有［-生命］的特征。这类结果补语主要由具有物性值的无生形容词和无生动词充当，但并不限于此。"人"也可以充当动作行为作用的对象，如"恐怖分子杀死了人质"。"人质"具有能动性特征，在这里充当动作行为"杀"的对象，是客体。有生动词"死"充当了补语。

第三，动结式中动词 V 的客体论元的静态特征。

动结式中动词 V 的客体论元是动作行为的致使对象，以受事为原型，结果次之，最后是与事、系事①。例如：

（6）他爱人好奇地<u>张大</u>了嘴，听他讲述厂里发生的怪事。（《汉语动词-结果补语搭配词典》）

（7）这把剪子不快，用它<u>铰断</u>这根尼龙绳怕不行！（《汉语动词-结果补语搭配词典》）

（8）工人们用花盆<u>摆成</u>了一个五彩缤纷的花坛。（《汉语动词-结果补语搭配词典》）

（9）包世宏狠狠<u>踩扁</u>地上的可乐罐，三宝一旁爱莫能助地望着包世宏。（《疯狂的石头》）

---

① 由于系事与动词 V 的非必有论元——旁及常常难以区分，我们将与动词 V 有关系的非必有论元一律归入外围论元中。

（10）晨风吹乱了她的头发，可她一点没觉察，她走在逃难的人流里。（余华《在细雨中呼喊》）

（11）这七种艺术，肯定能教会我们如何生活，正如其他任何事物能教会我们生活一样。（蒙田《蒙田随笔全集》）

（12）有一次为躲避敌机轰炸，他跑丢了鞋子，是志愿军一位战士送给他一双新鞋。（《人民日报》1994-10-29）

上述七例中动结式"张大、铰断、摆成、踩扁、吹乱、教会、跑丢"中的结果补语都由无生形容词、无生动词或共相谓词充当。补语"大""断"语义分别指向受事宾语"嘴""这根尼龙绳"，"成"语义指向结果宾语"一个五彩缤纷的花坛"，"扁"和"乱"语义指向受事"可乐罐"和"她的头发"，"会"语义指向"教"的与事"我们"，"丢"语义指向"跑"的系事"鞋子"，由于"跑"与"鞋子"之间的关系过于松散，我们更倾向于将此类论元归入外围论元中。

从我们检索的例子中也可发现，结果补语语义所指的客体论元主要是受事，其次是结果、系事、与事，几乎不指向对象。对象与感事相对应，一般由心理活动动词充当二者的媒介，心理活动动词的动性较弱，很少出现在动结式 V1 的位置上，一般与虚化的结果补语谓词"到"组合构成动结式，如"体会到、认识到、想到"等，此时"到"语义指向动词，不指向名词性成分。

第四，指向动词 V 的客体论元的动结式的句法特征。

补语语义指向动词 V 的客体论元的动结式都是二价的及物结构，并且充当动词 V 的配价数也必须大于 1。从句法构成上看，此类结构有三种类型。

A. V2+R1　如：洗干净、晒干、打伤、杀死、买多、挖深

B. V3+R1　如：问糊涂、教笨

C. V3+R2　如：问烦、教会

其中 A 类动结式是此类结构中的典型，占大多数。这类动结式包含两个命题：1. S+V+O；2. O+R。如"妈妈洗干净了衣服"包含的两个命题为：妈妈洗衣服；衣服干净了。

4.2.2.3　结果补语语义指向动词 V 的外围论元

第一，指向外围论元的动结式的整体特征及分类。

袁毓林（2004a）将外围论元分为凭借论元和环境论元两类。其中凭借论元包括工具、材料和方式，以工具为原型；环境论元包括处所、源点、终点和范围，以处所为原型。外围论元与动作所表示的动作行为的关系相对松散，并不直接受动词的支配，在句子中是可有可无的。相对而言，凭借论元与动作行为之间的联系紧密一些，一般通过介词"用"或"把"介引，构成介宾短语，充当句子的状语；环境论元是对动作行为发生的背景环境的介绍，跟凭借论元相比，与动作行为的联系更为松散。动词 V 的外围论元总是以动结式的客体形式存在，不管构成动结式的 V1 和 V2 配价数目是多少，补语语义指向外围论元的动结式都是二价的。

此类动结式与指向动词客体论元的动结式句法语义差别不大，主要构成致使义动结式，两者之间最大的差别是指向外围论元的动结式都是及物的，结果事件的主体与原因事件中的论元之间没有共指关系。我们以"妈妈洗衣服洗湿了鞋子"和"孩子哭红了小脸"为例分析此类动结式的语义结构（见图4-6）。

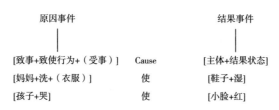

图 4-6　指向外围论元的动结式的语义结构

第二，指向动词 V 的外围论元的补语谓词特征。

外围论元典型的语义特征是动作行为发生时的外在环境及动作行为持续过程中涉及的一切非支配对象。典型的外围论元是工具、处所等，这些词具有［-有生］的语义特征，因此指向外围论元的结果补语谓词也具有［-有生］的特征。这类结果补语主要由无生形容词和无生动词充当，如"妹妹笑弯了腰"中的"弯"语义指向"腰"，"腰"与动词"笑"无任何语义联系，是其外围论元，而"弯"即为无生动词。

第三，动结式中动词 V 的外围论元的静态特征。

动结式中动词 V 的外围论元是动作行为发生时的外在环境，以工具、处所为原型，旁及次之，其他外围论元很少充当结果补语所表状态的主体。例如：

（13）说着她在孩子<u>哭红</u>的小脸腮上亲吻一下，给她擦眼泪和鼻涕。（冯德英《苦菜花》）

（14）正在这时，厂副总工程师陈莫尼<u>摔断</u>了腿骨。（《人民日报》1989-07-21）

（15）大白鼻子等也哀声震天，<u>哭湿</u>了整条的手绢。（老舍《牛天赐传》）

（16）镐<u>刨钝</u>了，锹挖卷了，两臂累麻了，虎口震裂了，工人们全然不顾，继续战斗。（《人民日报》1972-05-21）

（17）春苗曾不经意地对我说，她姐姐的首饰能<u>装满</u>一只水桶。（莫言《生死疲劳》）

（18）另外一间只有一张老式办公桌、一把椅子和一只台灯，<u>堆满</u>了纸张以及一排排纸箱。（《哈佛管理培训系列全集——第05单元：哈佛经理领导权力》）

例（13）动结式"哭红"中的补语"红"指向"哭"的旁及"小脸腮"，例（14）"摔断"中补语"断"指向旁及"腿骨"，两个被指成分都与动作的主体关系密切，是动作主体的身体器官或身体部位。例（15）中的补语"湿"指向"哭"的旁及"整条的手绢"，"整条的手绢"与动作主体"大白鼻子"之间没有任何语义关联，也不是"哭"所支配的成分，是纯粹意义上的旁及。例（16）中的补语"钝"指向"刨"的工具——"镐"。例（17）（18）中的补语"满"分别指向动作"装"和"堆"的容器或处所。

根据补语所指外围论元的论旨角色的差异，我们可以将此类动结式进一步分为三大类：

A. 指向动词 V 的旁及

A1. 与动词 V 没有直接语义关联，如：哭湿了枕头、跑丢了鞋子、洗湿了鞋子

　　A2. 指向动词 V 主体的身体部位，如：哭红了眼睛、唱哑了嗓子、吃坏了肚子、看花了眼睛、笑掉了大牙、笑弯了腰

　　B. 指向动词 V 的工具，如：砍钝了斧子

　　C. 指向动词 V 的处所，如：书堆满了屋子、地板铺满了鲜花

　　第四，动词 V 的外围论元在动结式中的句法特征。

　　补语语义指向动词 V 的外围论元的动结式也都是二价的及物结构，有三种类型：

　　A. V1+R1　　如：哭湿、哭红、站满、睡晕、长满

　　B. V2+R1　　如：唱哑、洗湿、吃坏、砍钝、装满

　　C. V1+R2　　如：跑丢、笑弯

　　此类动结式一般包含两个命题：S+V+（O）；O+R。如"姑姑笑弯了腰"中包含两个命题：姑姑笑；腰弯了。

4.3　基于"语义双向选择论"的指动式动结式

4.3.1　指动式结果补语的语义类别

　　指动式结果补语指结果补语谓词与述语动词之间构成直接语义联系，即构成陈述与被陈述的关系，如"来早、起晚、住久、写慢、走快、做巧"等。指动式动结式内部是不同质的：第一类是补语谓词意义发生虚化的动结式，结果补语语义指向述语动词，表示类时体意义，如"到、好、成、完、见、住、着、动、掉、坏、穿、定、死、透、中"等；第二类补语谓词意义实在，结果补语语义指向述语动词，表示动作行为的某种时间值，如"长、久、快、慢、迟、晚、早"等；第三类是补语意义实在，结果补语兼指述语动词和相关的名词性成分。意义虚化的补语谓词主要表示动作的完成和实现，内部各词的语义特征、虚化程度及与动结式的整合方式具有很强的个性，内部差别很大，我们将在下文专门论述。

　　从 4.2.1 的分析中我们得知，指动式结果补语主要由表行形容词充当，

表行形容词在形容词类别中占少数，由具有时间值和事件值的形容词充当。目前国内学界关于表行形容词的具体分类不同。张国宪（2005：17）认为它们主要分布在"时间、速度、方式、程度、情状、频度等语义区域里"。王惠等（2006）将形容词的时间值具体分为时长值、时速值和时差值等。赵春利（2012）将这类形容词归入具有事件值的类别，并将事件值分成模态、难度、急度、速度、时长、强度、范围、深度、细度九类。

但在人们的一般认知中，形容词的事件值和时间值之间没有绝对的界限，很多形容词的语义既可以依附于指称事物的名词，也可以依附于表述动作行为的动词，表物形容词和表行形容词之间是一个连续统。"形容词的表行用法是表物用法性状语义扩张、语法化的结果"（张国宪，2005）。

结果补语谓词的指向特征跟形容词与名词和动词的依附特征紧密相关。指动式结果补语既可以由具有事件值的形容词充当，也可以由具有时间值的形容词充当，并且事件值形容词充当结果补语时语义指向动词的同时，存在兼指与动作有关的其他名词性成分的可能，除非其词汇意义完全虚化。

在前人研究的基础上，我们根据形容词所表时间范畴的各个侧面，将能够充当指动式结果补语的谓词分为以下几类（见表4-3）。

表4-3　指动式结果补语谓词语义分类

指动式结果补语谓词	意义未虚化	事件值	方式	稳、轻、紧、松、怪、重、错、串、对、偏、绝、结实、熟、熟练、安稳、充分、端正、合理、妥、妥当、妥善、严、巧、均、匀、完全、平均
			范围	全、尽
			情态	准、急、空、清、详细、细致、清楚、模糊、精确、准确、周到、仔细、周密、反、透、彻底、假、难、足、歪、歪斜、中
			强度	猛、狠
			距离	远、近、密、稀
		时间值	时点	早、晚、迟
			时段	长、短、久
			时速	快、慢、及时、迅速
			时频	勤、少、多
	意义虚化			到、好、成、完、见、住、着、动、掉、坏、穿、定、死、透

指动式结果补语谓词的语义特征与结果补语的语义指向对象类型有着直接的对应关系，我们据此将指动式动结式分成三类：补语意义虚化的动结式（补语由意义虚化的谓词充当）、补语语义单指动作行为的动结式（补语由时间值形容词充当）、补语语义兼指动作行为和事物的动结式（补语由事件值形容词充当）。语义虚化的指动式动结式由指物式动结式演化而来。由时间值形容词充当结果补语的动结式和兼指式动结式独立于指物式动结式，与指物式动结式平行发展。

4.3.2　兼指动作和事物的动结式的句法语义特征

4.3.2.1　兼指动作和事物的动结式的总体特征

在由事件值形容词充当结果补语的动结式中，补语语义指向对象存在兼指现象，兼指动作和事物。事件语义学认为，现实世界是由"物体（包括人），以及物体与物体的运动、变化、性质"构成的（林艳，2013：54），物体之间的运动、变化及彼此之间的接触、联系、影响形成各种各样的事件。事件是一个动态过程，在这个过程中事物的情态、彼此之间的关系都会通过动作行为表现出来，是对世界变化的描述。语言学一般认为人类反映主客观世界主要通过六个过程来表现，这六个过程就是人们常说的一个"事件"所包含的"五个 W 和一个 H"，即"when，where，who，how，whom，what"。也就是说，一个完整的事件应包括这六个基本元素：在［什么时间］、［什么地点］，［谁］［如何］对［谁］做了［什么］。一个事件包括各种参与过程、参与者以及时间、空间、方式等环境因子。因此，在由具有事件值的形容词充当结果补语的时候，事件形容词的陈述对象可能涉及该形容词所表事件的参与者、环境因子和参与过程等各个要素。事件形容词充当的结果补语语义也就可能既指向表示过程的动作行为动词，也可能指向表示事件的参与者或参与环境的名词性成分。如例（19）－（23）：

（19）他抓紧了绳子。⇨他抓绳子+? 绳子紧/? 他紧。⇨他把绳子抓紧了。⇨紧抓

（20）他写错了那个字。⇨他写那个字+那个字错了/他错了。⇨他把那个字写错了。⇨错写

（21）他<u>寄错</u>了地址。⇨他寄+地址错了/他错了。⇨？他把地址寄错了。⇨错寄

（22）他<u>抓稳</u>了那棵大树。⇨他抓那棵大树+？大树稳。⇨他把那棵大树抓稳了。⇨稳抓

（23）他<u>站稳</u>了脚跟。⇨他站+脚跟稳。⇨他把脚跟站稳了。⇨*稳站

这类动结式处于指名式动结式向指动式动结式的过渡阶段，不同于典型的指动式动结式。首先，这类动结式的述语动词和补语之间仍有明显的致使关系，如上例中"紧""稳"的原因是"抓"；其次，述语动词所表动作与补语谓词所表状态发生的时间，是一前一后的，有先后顺序，如"错"的状态发生于"写"的时间之后。

兼指式指动式动结式的结果补语与述语动词之间的联系是间接的、模糊的。首先，结果补语和与其联系的论元之间不能构成独立命题。如例（22）"抓稳"中的"稳"可以直接作状语修饰"抓"，但是"大树稳"作为一个结果事件的独立命题，其可接受度却很差。述语动词的客体论元却可以前置充当"把"的宾语，构成"把"字句。如例（22）可以转换成指物式动结式的验证句式"他把那棵大树抓稳了"。因此，例（22）中的"稳"语义指向动词"抓"，而例（23）刚好相反，"站稳"中的"稳"直接指向"站"的外围论元"脚跟"，也不能构成"*稳站"的句法格式，是一个指向外围论元的指名式动结式。由于这类结果补语语义指向的不稳定性，有些学者，如施春宏（2008）并不将这类动结式看作指动式结果补语。

4.3.2.2 兼指式动结式结果补语语义指向验证方式

指动式结果补语可以前移至动词前充当动词的状语，这是验证结果补语语义指向动词的重要方法，如上例中的"抓紧、写错、抓稳"都可以转换成"紧抓、错写、稳抓"。据刘振平（2015）考察，上文中我们所列的事件值形容词充当的结果补语都能转换成状中结构，如"分均、均分；看傻、傻看；打偏、偏打；看远、远看"等。

但事件值形容词与述语动词互换位置的自由度不一样，说明事件值形

容词充任结果补语时与动词结合的紧密程度是有层次的。结果补语与述语动词结合得越紧密，转换成状中结构的自由度越高；反之亦然。如例（19）（20）中"抓紧、写错"的述语和补语的位置可以自由互换，构成"紧抓、错写"的状中结构，类似的还有"打偏、调查充分、看远、分均、出难"等。而"瞄准、站稳、演假、演砸"等的互换自由度不高。我们认为这与述语动词的施动性、配价相关。述语动词是二价的，施动性强，结果补语与其联系得更紧密。

4.3.3 单指动作行为的动结式的句法语义特征

4.3.3.1 单指动作行为的动结式的总体特征

时间值形容词充当结果补语时，语义只指向表动作行为的动词。与时间值有关的属性是表示时间点、时间的长度、速度、频度，而具有时间值的形容词数量也不多，主要有"早、晚、长、短、久、迟、快、慢、及时、迅速、勤、少、多"等。动词的典型特征是具有时间性，最易随时间的变化而变化。因此，动词与时间词之间的联系有着天然的现实基础。如：

（24）他来晚了。⇨他来了+来得晚。⇨晚来
（25）他吃早了。⇨他吃饭+吃得早。⇨早吃
（26）她坐久了。⇨她坐了+坐得久。⇨久坐

此类动结式中补语语义直接指向述语动词，是对动作内部时间结构的描述，是典型的指动式动结式，这类动结式不管述语动词是及物的还是不及物的，整个动结式都是不及物的，只能接表示时长、频次、约数、程度的词充当动结式的补语，如"他来晚了三分钟""他念快了一段"。这类动结式的述语动词所表的动作行为与补语动词所表示的状态之间不存在致使关系，因为结果补语所表状态是伴随着动作的发生而产生的。如"他来晚了"，"晚"这一结果的形成并不是"来"造成的，而是对动作"来"的时间的评价，这里的动作和状态在时间轴上处于同一时间点，不存在一前一后的时间关系，状态伴随动作的产生而产生。此类动结式只能形成评价义动结式。

验证时间值形容词充当结果补语的指动式动结式补语语义指向的最好办法是时间值补语可以前移到动词前充当状语，如"来晚、吃早、坐久"可以转换成"晚来、早吃、久坐"。

4.3.3.2 补语单指动作行为的动结式的来源、现状及发展

补语单指动作行为的动结式是对述语动词内部时间结构的补充说明，时间性是动词内在的、本质的特征，纯粹的指向动作行为时间结构的指动式动结式的发展路径与指物式动结式的发展路径是平行的，也就是说补语语义指向动作行为时间结构的动结式的产生时间、发展演变与指物式动结式之间没有交叉关系，它并非由指物式动结式演变而来。

石毓智（2003：104）认为"一个动补结构出现的时间决定了它形态化的早晚。就一般情况而言，出现早的动补结构形态化的时间也早"。李思旭（2010）据此反过来类推，认为语法化程度越高，使用的时间越长，产生的时间越早，并用梁银峰、吴福祥关于"指动型动补结构产生得最早，指受型动补结构次之，指施型动补结构产生得最晚"的观点来验证自己的观点。我们认为，动结式的语法化程度与其产生时间之间没有必然联系。现代汉语共时层面的指动式动结式不是一个同质的类，意义虚化的指动式动结式并非由一般指动式动结式演化而来，而是由指物式动结式演化而来。我们并不能因为虚化程度最高的动结式是指动式动结式，而判断出"指动式动结式产生得最早"的结论。

现代汉语共时层面的三种指动式动结式的来源是不同的。兼指式指动式动结式和单指式指动式动结式是充当结果补语的形容词语义由空间的质向时间的质扩张而来的。补语意义虚化的动结式则由指物式动结式直接虚化而来，而虚化结果补语在发展中可能会经历兼指动作和事物的阶段（如"完"），但并不具备普遍性，并非所有虚化结果补语都经历了"指物——动、物兼指——指动"的过程。

时间值形容词充任结果补语并不会进一步虚化为补语标记或构词语素。大多数时间值形容词如"早、晚、久、迟、快、慢、及时、迅速"等，使用的是其基本义。这些意义并非由事件值形容词语义扩张而来。因此，从最开始充当结果补语到现代汉语整个演变过程，语义未发生虚化，与虚化结果补语之间没有直接联系。而由事物值形容词语义扩张而来的时间值形

容词，诸如"多、少、长、短"充当指动式结果补语，也表示具体实在的意义，未发生虚化现象。

典型的指动式结果补语在句法和语义上发生虚化的可能性都比较小，并不会提高与述语动词的整合度。因此，在历史演变的长河中，典型指动式动结式的发展与指物式动结式的虚化发展路径是平行的。动结式的虚化与时间值充当结果补语的指动式动结式无关。

4.3.4　补语意义虚化的动结式的句法语义特征

4.3.4.1　补语意义虚化的动结式的总体特征与虚化结果补语的计量

这部分主要分析哪些词能够充当虚化结果补语。

指动式动结式是形容词结果补语语义扩张的结果，补语意义虚化的动结式则是补语谓词语法化的结果，完全虚化的结果补语演化成助词，只具有时体义，表示动作的完成和状态的实现。我们提到的虚化结果补语指处于虚化过程中的结果补语，没有完全虚化的结果补语。严格意义上讲，是仍带有结果义的半虚化结果补语。赵元任（1968）、吕叔湘（1980）、吴福祥（1998）从句法角度将其称为"动相补语"；刘丹青（1994）从词类角度将其称为"唯补词"；玄玥（2010）、沈阳等（2012）则将其称作"虚化结果补语"；陈前瑞（2003）、孙凡（2012）把它看作体范畴的次范畴，称为"完结体""结果体"；为规避其定性问题，董秀芳（2017）将其看作动结式的构成成分，并将其称为"虚化完结成分"。

由于这个类别的结果补语处于虚化的过程中，每个结果补语谓词的虚化义、引申义和基本义在现代汉语动结式的共时层面是共存的，各个词的虚化程度不同，并没有完全虚化，没有完全从谓词系统中剥离出来。因此，用"唯补词"对其定性很难将其从实词义中抽离出来。而"动相补语"涉及新术语"相"的解释与理解，本着科学、通俗的原则，我们采用"虚化结果补语"来指称。

虚化结果补语具有较强的后附性和黏着性，与动词联系紧密，不能与名词性成分构成独立的命题，与实义结果补语不同；同时，虚化结果补语又不同于典型的时体助词，仅仅表示时体义。虚化结果补语还不完全表示时体义，没有完全助词化，它对与之共现的前项动词具有一定的选择性，并且虚化结果补语能够与完成体标记"了"共现。如：

（27）车子停住了。⇨车子停。﹡车子住了。停住。

（28）房子盖好了。⇨盖房子。﹡房子好了。盖好。

（29）他找到工作了。⇨他找工作。﹡工作到了。找到。

（30）我看完了那本书。⇨我看那本书。﹡那本书完了。看完。

　　这类动结式补语由意义虚化的谓词充当，主要是动词"穿、到、透、掉、成、见、完、死、动"等，形容词"好"意义虚化后也可以充当此类动结式的补语。补语意义虚化的动结式是典型的语义高度整合的动结式，结果补语不再表示由于动作的外力作用而产生的某种结果或状态，即这类动结式不再蕴含致使义，而表示一定的时体义，表示动作的完成和实现。这类动结式无法分解成两个独立的命题，所以说从某种程度上来说，这类动结式是无指向的，只作述语动词的类体标记成分。但有意思的是，这些意义发生虚化的结果补语谓词都处于语法化的过程中，语法化程度不同。有的已经完成了虚化，变成了动态助词，如"着"；有的由结果补语进一步虚化为表程度的补语，如"坏、透、到、穿"等；有的虚化为构词语素，如"见"等。不管怎样，它们都经历了从指物式结果补语到指动式结果补语的演变。在现代汉语共时层面，这些词的基本实词义和虚化了的功能义是共存的。

　　那么，到底哪些词充当结果补语语义发生了虚化，虚化后是以一种什么样的状态存在于语言现象中？意义虚化的结果补语是一个封闭的类，数量较少，但由于虚化程度的不同，前人时贤对个别词的处理结果也不同。吕叔湘（1980）提出比较重要的结果补语有 9 个："了（liǎo）、着（zháo）、住、掉、走、动、完、好、成"；孟琮等（1987）提出意义比较虚化的结果补语有 6 个"了（liǎo）、着（zháo）、成、动、好、得"；刘丹青（1994）将意义虚化，只能充当结果补语，不能充当谓语的动词称为"唯补词"，他认为典型的唯补词有"着、到、住、了、来、起"6 个，非典型的有语义较实在的"走、掉、开、动"及"完、尽、好、拢"；王红旗（1995）提到的有"到、见、着、动、住、掉、好"7 个；王玲玲、何元建（2002）收集的意义发生虚化的结果补语谓词有"成、得、掉、动、好、完、着、住"

8 个；玄玥（2011）举例提出的有"完、好、掉、住、成、了（liǎo）、着（zháo）、过（guò）"8 个；陈宝莲（2009）所收集的唯补词最多，有 38 个，除去其中趋向动词，其所指的典型唯补词有"着、到、住、中、动、见、掉、成、走、完、好"11 个。石慧敏（2011：45）考察的《现代汉语八百词》（修订版）中由引申义充当结果补语的词有"成、穿、到、掉、定、动、好、坏、破、死、透、着、中、住、走"15 个，其中"掉、着、住、坏、死、透"进一步虚化成了准体标记。我们对上述 8 种文献中出现的虚化结果补语进行了统计（括号内的数字为出现次数），共有以下 25 个词出现了语义虚化，具体如下：

好（8） 着（8） 住（7） 掉（7） 动（7） 成（6） 完（5）

到（4） 了（4） 走（3） 得（2） 见（2） 中（2） 来（1）

起（1） 开（1） 拢（1） 尽（1） 过（1） 穿（1） 定（1）

坏（1） 破（1） 死（1） 透（1）

由于虚化结果补语处于由实到虚的变化过程中，发生虚化的结果补语谓词都在某些义项上保留了实词义；并且有些词的虚化过程并不以"指动式结果补语"为终点，还会进一步虚化为程度补语（如"死、透"等）、补语标记（准体标记、结构助词）（如"到"等）、构词语素（如"见、到"等）等。虚化结果补语是一个动态类别，处于实义动词向体标记和构词语素虚化链条的中段，在虚实两头都存在一定的模糊地带。在这个非离散的连续统中，到底哪些实词能够虚化，哪些词虚化到哪种程度，需要逐个考察，虚化结果补语谓词在现代汉语共时层面是一个异质成分，各个词的虚化程度也备受争议。我们只将前人时贤所搜集到的发生虚化的充当结果补语的谓词汇总分析，具体每个词的演变状况有待进一步逐一考察分析。

4.3.4.2 结果补语虚化的动因之一——语义基础

本部分主要从语义角度分析充当虚化结果补语的谓词具有什么样的特征，为什么这些词会发生虚化。

虚化结果补语既不同于一般体标记，又区别于实词。我们从以下四方面界定其性质。

第一，意义由具体到抽象，存在实词义滞留。

第二，结构上附着于动词，不与名词性成分构成命题结构。

第三，对与之搭配的前项动词有一定的选择性，不能像体标记一样用于所有的动词后。

第四，与之搭配的述语动词范围扩大，动性减弱，但仍具有自主性。

石慧敏（2011）从动结式整合度的角度将半虚化的结果补语构成的动结式称为"B级（中级）整合度动结式"，分为达成义、定止义、透彻义、损失义四种类别。我们沿用这种分类，并在此基础上对各类别具体界定，并尝试使用认知语言学的相关理论阐释各类别之间的关系以及这些类别的结果补语虚化的语义基础。

"达成义"表示动作行为的完成与目的的实现，代表词有"好、着、到、中、成、动、完、了、得"等；"定止义"表示动作行为结果的稳定不变，代表词有"定、住、好、死"等；"损失义"表示动作行为的消失、离开，代表词有"走、掉"等；"透彻义"表示说话人对事物或事件认识的程度，代表词有"穿、透、破"等。这四种语义类型都是由结果补语的"结果义"拓展而来的，其中关系我们用图4-7表示。

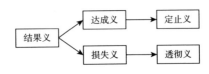

图4-7　结果补语语义拓展关系

结果补语所表"结果义"是指动作行为完成后产生的结果，包括预期的正面结果的实现（达成义）和相反的负面结果的实现（损失义）。在人们的理想认知模式中，正面的结果更符合人们的预期，其所表示的"动作目标的实现"这一词汇义与动结式赋予结果补语的共有语法意义"动作行为的结果"不谋而合，因此，在语言经济性原则的作用下，表示正面预期结果实现的达成义补语动词的词汇意义更容易脱落掉其所包含的低信息量成分，发生虚化，只保留结构式赋予的最基本的"表示动作行为完成"的语义特征。而事实上，"达成义"结果补语虚化的数量最多，公认度也最高。"定止义"是动作行为完成所产生的结果状态保持不变，是"达成义"的隐喻拓展。而"透彻义"则表示原事物状态的部分损失、破坏，是由"损失义"引申而来。因此，上述四类结果补语动词更容易发生虚化。

结果补语虚化受语言经济性原则的影响。郭继懋、王红旗（2001）曾论证汉语黏合式述补结构（动结式）和组合式述补结构（"得"字补语结构）中述语动词和补语谓词之间的语义规约性程度的不同。事实上，动结式内部述语动词和补语之间的语义规约性也存在着程度上的差异。如果充当结果补语谓词的词汇义中本身蕴含结果义，述语动词与结果补语之间语义的规约化程度较高，也就最容易发生虚化。

4.3.4.3　结果补语虚化的动因之二——句法环境

本部分主要讨论结果补语谓词是怎样虚化的。结果补语谓词虚化的句法环境特征也就是结果补语语义指向对象的特征。

虚化结果补语都是由具体的实义动词演化而来的，虚化后充当结果补语，语义指向述语动词。分析虚化结果补语语义指向对象特征就是分析与虚化结果补语搭配的述语动词的特征。

虚化结果补语由蕴含结果义的动态动词和蕴含方向终点的趋向动词虚化而来。随着与之组配的述语谓词沿着"动作动词—思维感官动词—影响类动词—心理活动动词—形容词"的方向不断扩展，补语谓词蕴含的具体结果义逐渐向抽象结果义转换，最终向表完结的准时体义方向发展。而蕴含方向终点的趋向动词则是通过物理空间的位移向虚拟空间位移转换，由空间域的到达终点转喻结果域实现。

比如，"到"是由"位移义"虚化到"结果义"的。当"到"与位移动词"走、跑"等结合时，表本义；当与"到"搭配使用的述语动词范围扩大到"取得"义动词，"到"的语义开始虚化，产生"结果义"。随后，与"到"组配的述语动词范围进一步扩大到感知、思维类动词（体会、认识、发觉等）、感官动词（看、听、说等）、影响类动词（影响、危害等），其表结果的"获得"义逐渐减弱，一步步构词语素虚化（马婷婷等，2014）。而当与"到"组配的述语动词由"取得"义向能动性、意愿性、自主性较弱的"心理活动动词"乃至形容词扩展时，"到"进一步虚化为程度补语，乃至补语标记（张谊生，2014；马婷婷等，2015）。

再如，"见"作结果补语时，最初只与表示"看"的动作行为，如"顾、望、视"等组合。当与"见"组配的述语动词不再局限于"用眼看"的动作行为，扩展至能动性较弱的心理活动或感知类动词（如"梦、想、闻"等）时，其"结果义"开始进一步虚化（石慧敏，2011）。

虚化结果补语的语义指向对象即为结果补语虚化的句法环境，结果补语虚化时，与之组配的述语动词总是由自主性、能动性、意愿性强的活动动词向非自主性的心理活动、感知类动词扩展。一旦述语动词的自主性减弱，结果补语的他控性会随着减弱，其所表的结果义也减弱，比如动结式"找到"与"感到"中"到"的区别；当结果义完全消失时，虚化结果补语就虚化完全了，否则处于半虚化状态中。

而补语"完"的虚化过程刚好相反。与半虚化的补语"完"组配的动词的施动性较弱，主要是自变性动词，如"烂、走、死、塌"；与语义兼指的"完"和单指事物的"完"组合的动词具有较强施动性、意愿性，如"跑、喝、看、听、读"等（李思旭，2010）。不过，这一过程是否只具有个性特征，还有待将所有虚化结果补语的演化过程逐一考察后定论。

4.3.4.4　结果补语的虚化程度不一

虚化结果补语整体有一定的规则性，但内部成员却呈现较大的特异性，表现出不同分化状态。有的结果补语完成第一步虚化后便停滞不前（如：穿、来、破、掉），有的向"完成体标记"（如：好、完、上）、"程度补语"（如：死、透）、"构词语素"（如：到、见）等方向进一步发展。同一个词在现代汉语共时层面同时呈现语法化链条上功能和语义的分化，而有的只占有其中的部分变化。由此可见，结果补语在虚化的过程中表现出明显的层级性。

石慧敏（2011）立足概念整合理论讨论动结式中动词和补语的整合度高低和层级分布，对虚化结果补语内部的差异进行了较为系统的考察分析，但对虚化结果补语内部虚化程度不同产生的原因等问题并未详细深度地论证。因此，探讨虚化结果补语不同质的表现是什么、是怎样形成的、为什么存在这种不同质现象等问题具有较大的发展空间。由于受内容和篇幅的限制，我们暂且不讨论此问题。

我们的基本观点是，结果补语在虚化的过程中，由于受语义来源、语义分化、演变路径、发展方向等因素的影响，虚化结果补语这一集合的内部成员的虚化程度不同；大多数在现代汉语共时层面呈现出多功能现状，既能充当意义实在的指物式结果补语，又能充当意义虚化的指动式结果补语，从而导致这类词充当结果补语时，语义指向难以由机器辨别。

4.4 小结

本部分以"语义双向选择"为理论指导，分析了结果补语语义指向对象的制约因素和语义类型。结合原型范畴理论，从结果补语语义指向对象的论元结构入手，全面系统地解析了指物式结果补语语义指向对象的类型及相关动结式的句法语义特征，分析了指动式动结式的内部差异和差异形成的原因。

首先指出结果补语语义指向对象包括指向人或事物、指向动作行为两大类型，其中指物式动结式以指向述语动词的客体论元为原型，还包括指向主体论元、外围论元；指动式动结式以单指动作行为为原型，还包括兼指动作、事物与虚指动作行为两种类型。同时运用认知语言学理论指出结果补语各语义指向对象之间是通过结果补语谓词的语义扩张和概念隐喻的方式连接起来的，整个动结式的语义指向对象是一个彼此关联的非离散的连续统。

结果补语主要由形容词和动词充当，结果补语的语义指向对象直接取决于结果补语谓词本身的语义特征。具有人性值、物性值和空间值的形容词及动词语义上总是指向表示人或物的名词性成分；具有时间值的形容词充当结果补语语义指向述语动词；具有事件值的形容词则直接指向述语动词，间接地与事件发生时的相关事物关联，兼指受事为主的名词性成分。虚化结果补语是指动式结果补语的特殊类别，主要由处于虚化过程中的动词充当，数量极少。

指动式结果补语中有些事件值和时间值是形容词固有的，有些是由物性值扩张而来的。指动式动结式内部是不同质的，从历时的角度看，三种指动式动结式是平行发展的，彼此之间并无交叉，但是物性值动词在虚化为表时体意义的结果补语的过程中会经历补语兼指动作行为和事物的阶段，这一阶段的存在是结果补语物性值的语义滞留，与事件值结果补语的语义兼指不同。虚化结果补语并未完全虚化，表示类似于时体义的完结义。虚化义结果补语并非由事件值结果补语演变而来，而是由词汇义中具有"完结"义的"达成义、定止义、损失义和透彻义"动词和形容词"好"演化而来。虚化义结果补语并不是结果补语虚化的终点，有些还可以进一步虚化成准补语标记词或无实在意义的构词语素。结果补语在虚化的过程中，与之组配的述语动词的自主性逐渐减弱，总是由自主性、能动性、意愿性强的活动动词向非自主性的心理活动、感知类动词扩展。尽管如此，结果补语的虚化过程还是表现出明显的个性。

由于形容词和动词在概念上是非自足的，总是依赖于其他成分，尤其是名词性成分而存在，因而结果补语总是优先指向名词性成分。而名词性成分的生命度等级又与其施动性紧密相连，施动性对名词性成分的句法投射有着重要影响。根据结果补语谓词关联的名词性成分的生命度等级，我们将结果补语谓词分成有生谓词、无生谓词和共相谓词三类。有生谓词担任的结果补语语义指向述语动词的主体论元，优先配置为句子的主语；无生谓词担任的结果补语语义指向述语动词的客体论元、外围论元，优先配置为句子的宾语；共相谓词担任结果补语语义指向存在潜在多指，但这表现出来的仅仅是倾向性规律。

动结式是结果补语的句法表现形式，无论从共时层面看还是从历时层面看，动结式都是一个以致使性动结式为核心、评价义动结式等为非典型成分的、有层级的、"洋葱式"的句法结构系统。我们根据结果补语所表达的致使义的强弱，将动结式分成了表客观变化的致使义动结式、自变义动结式和表主观评价的评价义动结式两大类三小类。这三种类型在不同指向的动结式里的分布是不同的：指物式动结式中指向主体论元的动结式语义范围分布最广，三者皆有；指向客体论元的动结式只有致使义和评价义两种类型；指向外围论元的动结式只用来表示客观变化，不表示主观评价。典型的指动式动结式则与致使义无关，表示主观评价。非典型指动式动结式或表示类似于时体义的弱结果义或间接带有致使义。

5 语义指向对象与动结式句式分布的互动关系

动结式的句式分布与结果补语语义指向密切相关，相互影响。动结式所处句式是结果补语语义指向对象的句法实现形式，动结式的句式分布受制于结果补语的语义指向对象，因结果补语语义指向对象的不同而表现出不同的规律，同时又影响着结果补语语义指向方向。我们在第 4 章的基础上，以结果补语语义指向对象为线索全面描写不同指向动结式的句式分布、分析各种句式的生成动因及其与结果补语语义指向对象之间的关系，解释动结式句式分布规律，并统计各类动结式在真实语料中的句式分布以验证本部分的理论分析。

5.1 动结式主要分布的句式

汉语动结式的句式分布多样，前人就动结式的分布句式已有很多研究成果。

李临定（1980）从共时的角度细致描写了动结式构成的五种句式：SVC，如"他胆子变小了"；SVOVC，如"他走路走累了"；SVCO，如"他听懂了我的意思"；SVO_1VCO_2，如"你写通知写落了一个字"；S 把 O_1VCO_2，如"钉子把我的衣服划破了一条口子"。

石毓智（2003）认为动补结构是由"SVOR"格式融合后产生的，产生以后对汉语的句法结构产生了很大的影响，为了安排置于动词和补语之间的受事，产生了以下五种新的句式："把"字句、话题主语句、受事主语句、动词拷贝结构及 SVRO 句式。而在现代汉语中，动结式除了可以进入上述几种句式外，还可以进入早已形成的"被"字句中。

施春宏（2015）认为，作为谓语核心成分的动结式能够进入的基本句式包括：主谓［宾］句、动词拷贝句、"把"字句、"被"字句（长"被"字句和短"被"字句）、受事主语句、施事主语句、受事话题句、施事话题句等。他还提出"句式群"概念说明这些句式之间是彼此关联的。

在以上基础上，结合第4章分析的结果补语语义指向对象的论元角色，我们把动结式的句法实现形式分为两大类：作谓语核心、作定语。我们重点考察动结式作谓语核心的情况。由于上文提到的有些句式是重合的，我们对动结式作谓语核心进入的句式重新进行了归纳整合，包括以下几种类型。

基础句式：

主谓句：包括主谓宾句和主谓句两种，记作 SVR（O）[①]，如：我洗干净了衣服；我吃饱了饭。

变换句式：

"把"字句：包括主体"把"字句和客体"把"字句两种，也叫做"把施句"和"把受句"，分别记作 O 把 SVR、S 把 OVR，如：大鱼大肉把我吃腻了；我把衣服洗干净了。

"被"字句：记作 O 被（S）VR，如：衣服被我洗干净了。

重动句：包括施事主语重动句和外围论元主语重动句，分别记作 $SVO_1VR（O_2）$、O_2VO_1VR，如：孩子听故事听乐了；孩子写作业写落了一个字；衣服吃西瓜吃脏了；棉鞋踩雪踩湿了。

非施事主语句：包括客体论元主语句（受事主语句和系事主语句）、外围论元主语句，分别记作 OVR、OVRS，如：衣服洗干净了；农活儿累倒了爷爷；斧头砍钝了。

话题句：包括主体论元话题句、客体论元话题句、外围论元话题句三种，分别记作 SOVR、OSVR，如：弟弟个子长高了；妹妹袜子穿破了；宝宝棉鞋踩湿了；大鱼大肉我吃腻了；袜子妹妹穿破了；棉鞋宝宝踩湿了。

"把"字句和"被"字句有明显的标记词，是标记句；重动句、非施事

---

① 这里的 S 指动结式的主体论元；O 指非主体，包括客体论元和外围论元；V 指述语动词；R 指结果补语。下文所指相同。

主语句和话题句是没有标记词的特异语序句式。我们所说的话题句指传统语法中的主谓谓语语句，句子的主语由两个名词性成分充当，第一个名词性成分叫作大主语，第二个名词性成分叫作小主语，根据第一个名词性成分的论元角色命名话题句。话题句和非施事主语句有重合的地方，两者的一个重要区别是：话题句的主语由两个名词性成分充当，非施事主语句只有一个。如"斧头砍钝了"，只有一个名词性成分充当主语，是非施事主语句；"斧头爷爷砍钝了"，动结式前有两个名词性成分，第一个名词性成分是大主语，第二个是小主语，这是一个外围论元话题句。此外，这两种句式和重动句也存在叠合的情况，如"斧头砍柴砍钝了"，"棉鞋宝宝踩雪踩湿了"。由于非施事主语句和话题句与重动句的功能不冲突，我们将这样的句子同时归属于两类不同的句式。下文我们具体以结果补语的语义指向对象为线索探讨动结式的句式分布规律。

5.2　指物式动结式句式分布的理论推理与实证

5.2.1　指向述语动词主体论元的动结式的句式分布

动词 V 的主体论元主要由施事充当，按照功能语法的观点，施事优先配置为句子的主语。而从动结式本身的论元配置上看，动词 V 的主体论元与补语 R 的主体论元叠合后，上升成为动结式的主体论元，在表层结构中位于动结式之前，充当主语。如"学生听懂了"中动词"听"的主体为施事"学生"，补语"懂"的主体也是"学生"，两者叠合充当动结式的主语，但有例外，如：

（1）这可把柳八爷和他的部下<u>看呆</u>了，无不惊讶佩服。（冯德英《苦菜花》）

（2）一连吹了好几支曲子，可把他<u>吹累</u>了。（《汉语动词-结果补语搭配词典》）

（3）毒奶粉<u>吃死</u>了那么多人，你要不要把有关的所有人都处死啊？（BCC 语料库微博）

（4）你<u>流干</u>了眼泪，自有另一个人逗你笑。

107

例（1）中"看呆"的"呆"语义指向"柳八爷和他的部下"，是"看"的施事，但充当了介词"把"的宾语。例（2）中"吹累"的"累"语义指向"他"，是动词"吹"的施事，也充当"把"的宾语。例（3）中"吃死"语义指向"那么多人"，是"吃"的施事，位于动结式之后，充当动结式的宾语。例（4）同理，"眼泪"既是动词"流"的主事，又是"干"的主事，在句中充当动结式的宾语。那么结果补语语义指向对象为主体论元时，其句法实现形式主要有哪些类型？下面我们将从补语语义指向主体论元的动结式的句式分布中找寻答案。

5.2.1.1　指向主体论元的动结式的句式分布推理

补语语义指向动词 V 的主体论元的动结式能够出现的句式包括以下几类。
A. 主谓（宾）句，记作 SVR（O），如：

她走累了	人们吓傻了	妹妹笑醒了
眼泪流干了	弟弟疼哭了	妈妈洗累了
人们看傻了	他等烦了	雪下大了
他赌赢了	他听懂了老师的话	他吃腻了大鱼大肉
他学会了英语		

此类句式是指向动词 V 的主体论元动结式的基础句式，该类所有动结式都能自由进入这种格式，没有条件限制。
B. "把"字句，分为两类。
B1类　"把"的宾语为动词的主体论元，主要是施事，也可以是主事，称为主体"把"字句，也叫"把施句"，记作 O 把 SVR，如：

这部电影把我看糊涂了	那篇稿子把我改晕了	激素把她吃胖了
这场球把大家都踢兴奋了	瑜伽功把她练温柔了	这歌把人听烦了
一觉把他睡糊涂了	冷笑话把我笑死了	夜路把她走怕了

"把"字句的典型语义特征是"处置义"，此类句式凸显的是外在力量对补语动词主体 S 的致使作用，充当主语的致使者 O（我们姑且用 O 表示，

以区别于充当"把"字宾语的主体论元S）必须是与述语动词有密切语义联系的非主体论元。因此，除了动补之间毫无致使关系的强自变义动结式，如"长胖、长长、长高、开败、睡醒、刮大、流干"以及评价义动结式外，表致使义的指向主体论元的动结式都能进入 B1 类"把"字句。此外，补语动词"懂、会、清楚、明白、腻、够"等，不能构成 B1 类动结式。

B2 类 "把"的宾语为动词的客体论元，主要是受事，称为客体"把"字句，也叫"把受句"，记作 S 把 OVR，如：

> 她把那本书读懂了　　　　玄奘把那里的经都学会了
>
> 他把那个问题弄明白了　　特工把那里的情况都摸清楚了
>
> 那小子把她玩腻了　　　　我把海鲜吃够了

这类动结式的典型特征是，补语谓词和述语动词都是二价的，"把"的宾语既是谓语动词的客体论元，又是补语谓词的客体论元。

C. 重动句，记作 SVOVR，如：

> 她想孩子想疯了　　老师讲故事讲哭了　　大家等车等烦了
>
> 孩子看书看累了　　她走夜路走怕了　　他下棋下赢了对手
>
> 她睡觉睡糊涂了　　他站岗站累了　　她跑步跑赢了
>
> 她洗冷水澡洗病了　她看电视看困了　　他养花养腻了
>
> 她看书看入了迷　　他唱歌唱出了名　　他种菜种成了专家

施春宏（2008：209）认为，动词拷贝式（重动句）的根本作用是提升动补结构（包括组合式动补结构）中不能直接处理的论元，使概念语义在句法投射过程中增加信息保真度，保持概念语义的完整性。这类动结式的典型特征是：述语动词是二价的，可以支配两个论元；补语是一价的有生谓词；整个动结式是一价的，用符号表示为"V2＋R1＝VR1"。述语动词和补语动词可供支配的论元超过三个，述语动词和补语谓词的主体论元重合，提升成为表层结构中的主语，而整个动结式是不及物的，另外一个论元无法安置，便通过动词拷贝的形式配置成拷贝动词的宾语。也就是说，在述语动词和补语谓词能够支配的论元数目大于或等于 3 的情况下，不及物动结式及弱及物动结式在句法上可以投射成为重动句。但一价动词如果能够构成规约性较高、动性较弱的动宾式离合词，也可以构成重动句，如上例中的"睡觉、站岗、跑步"等组合。

当且仅当动结式的补语谓词是二价的时候，语义指向动词 V 的主体论元的动结式，如"听懂、学会、看腻、吃够、看清楚"不能构成重动句。

D. 非施事主语句，包括两类。

D1 类　受事主语句，记作 OVRS，如：

　　　　那幅画看傻了老收藏家　　　　　这里劣质的饭菜吃跑了所有的客人
　　　　大锅饭吃懒了整个村的人　　　　巨幅宣传画挂累了工人
　　　　茅台酒喝醉了老干部　　　　　　一锅饭吃饱了十个人
　　　　说明书看懂了　　　　　　　　　问题弄清楚了

受事主语句有广义和狭义之分，广义的受事主语句包括"被"字句和非"被"字句。我们这里所说的受事主语句指狭义的受事主语句。

D2 类　系事主语句，记作 OVRS，如：

　　　　繁重的工作累倒了老支书　　　　强烈的胃痉挛疼痛了她
　　　　枪声惊醒了孩子　　　　　　　　张三的故事笑死我了
　　　　坏消息急哭了妹妹　　　　　　　饥荒饿死了很多穷人
　　　　夜岗站困了哨兵　　　　　　　　马拉松跑累了运动员

除自变义动结式、表评价的动结式，如"学精了、学聪明了、学傻了"和二价谓词充当补语的动结式外，其他类别的动结式都能进入由客体论元充当主语的非施事主语句，并由主体论元充当宾语。

E. 话题句

E1 类　受事话题句，记作 OSVR，如：

　　　　大鱼大肉我吃腻了　　　书我读懂了
　　　　问题我都搞清楚了　　　这种事我都看惯了
　　　　爸爸的说教她听烦了

只有当动结式的补语为二价动词时，才能构成受事话题句。

E2 类　非受事话题句，记作 SOVR，如：

她眼泪流干了	弟弟个子长高了
妹妹头发长长了	西伯利亚北风刮大了
院子里月季花开败了	他腿站疼了
他肚子吃大了	他腰吃粗了
他腿跑细了	

能够进入 E2 类句式的动结式主要是自变义动结式。此类话题句中的主语可以是处所、时间等外围论元，也可以是与动词的主体论元有领属关系的领有者，如"眼泪"是"流"的主体，与"她"之间有领属关系。"弟弟"与"个子"、"妹妹"与"头发"之间也有领属关系。

补语语义指向动词 V 的主体论元的动结式的句法配置问题，我们可以用表 5-1 表示。

表 5-1　补语语义指向主体论元的动结式的句式分布

语义指向对象	补语谓词特征	动结式语义类型		动结式的内部构成	动结式典型例子	基础句（主谓句）	"把"字句		非施事主语句		话题句		重动句	"被"字句
							主体"把"字句	客体"把"字句	受事主语句	系事主语句	受事话题句	非受事话题句		
主体论元	有生谓词为主	客观变化	致使	$V_i/A+V_i/A$	站累	SVR	+	—	—	+	—	+	+	±
				V_t+V_i/A	洗累	SVR	+	—	+	—	—	—	+	+
				V_i+V_t	跑赢	SVRO	+	—	—	+	—	+	+	—
				V_t+V_t	听懂	SVRO	—	+	+	—	+	—	+	±
			自变	V_i+V_i/A	睡醒	SVR	—	—	—	—	—	+	—	—
		主观评价		$V_i/V_t+V_i/A$	学精	SVR	—	—	—	—	—	—	±	

从表 5-1 可以看出，补语语义指向主体论元的动结式在句法分布上有巨大差异：表示主观评价和自变义的动结式与致使义动结式的句法分布差异很大，这两类动结式基本上分布在基础句式 SVR 中，较少出现在其他派

生句式中。$V_t + V_t$ 构成的及物性动结式表现出明显的特殊性，其句法分布与其他致使义动结式在"把"字句、话题句和重动句的分布上呈互补状态。与其他致使义动结式相比，只有 $V_t + V_t$ 构成的及物性动结式能够出现在客体"把"字句和受事话题句中；只有 $V_t + V_t$ 构成的动结式不能出现在主体"把"字句和重动句中；只有不及物动结式才能出现在非施事主谓句中。此外，所有指向述语动词 V1 主体论元的动结式都不能出现在"被"字句中。

5.2.1.2 指向主体论元的动结式在真实语料中的分布

《汉语动词-结果补语搭配词典》是目前国内收录动结式最全面、语料最真实丰富的一部语言工具书。对其所收录的真实语料中汉语动结式的句式分布情况进行封闭式统计分析，可以窥见汉语动结式在真实语料中分布的现实性，为进一步验证理论的科学性提供证据，也为汉语动结式句式语义的互动关系找出新的方向和重点。本部分拟统计动结式在该语料库中的句式分布现实规律、分析各种句式的生成动因及其与结果补语语义指向对象之间的关系并从认知语言学的角度解释其规律性。

《汉语动词-结果补语搭配词典》共收录结果补语 322 个，例句 4129 句。其中"出、进、起、上、下"是趋向动词虚化为结果补语，"嘀咕、给、在"等不表结果，这些词共涉及 520 个例句，不符合我们对结果补语的界定，不作考察。故本部分考察的实际结果补语有 314 个，全部真实语料有 3609 句。我们根据动结式所在小句的句式判断动结式的句式，如"乌云遮住了太阳，天变暗了"这句话虽然是一个复杂句，但动结式"遮住"和"变暗"所在的小句都为基础句 SVR（O），我们便判断动结式"遮住"和"变暗"分布于基础句中；如果结果补语语义指向对象隐匿或与动结式不在同一个小句，我们认为，结果补语语义指向句外成分，如：

（5）我们刚搬到这儿不久，还没住安定呢。（《汉语动词-结果补语搭配词典》）

（6）手边上没有秤，不是分多了，就是分少了。（《汉语动词-结果补语搭配词典》）

例（5）中动结式"住安定"的补语语义指向主体论元——"我们"，

"我们"出现在"住安定"语境中,但不在同一个小句;例(6)中"分多""分少"的语义指向对象隐匿,并未出现在整个句子中,我们将这两种无主句归入"其他"类别。"其他"类别还包括动结式不作谓语核心的情况,如:

(7)我第一次上讲台时,心里特别紧张,生怕<u>讲错</u>了。(《汉语动词-结果补语搭配词典》)

(8)法院也有<u>判错</u>案件的时候。(《汉语动词-结果补语搭配词典》)

(9)这种表的弦不要上得太紧,<u>上紧</u>了容易断。(《汉语动词-结果补语搭配词典》)

(10)国王被<u>刺死</u>的消息很快传遍了全国。(《汉语动词-结果补语搭配词典》)

上例中"讲错、判错、上紧、刺死"分别在小句中作宾语、述宾短语作定语、主语、定语,也归入"其他"类别。此外,这里统计的"被"字句是广义的"被"字句,我们将表示被动的"让"字句也归入这类句式中。这样,3609个例句在真实语料中的具体分布情况如下所示(表5-2)。

表5-2 动结式在《汉语动词-结果补语搭配词典》中的句式分布总况

句式	基础句	"把"字句	"被"字句	重动句	非施事主语句	话题句	其他
总量(个)	930	850	235①	187	863	190	354②
比例(%)	25.8	23.6	6.5	5.2	23.9	5.3	9.8

从表5-2可以看出,动结式在真实语料中主要充当小句的谓语核心,占所收录例句总数的98.8%;其他类别中包含45例动结式作小句的定语、宾语、主语等非谓语核心的句子,占1.2%。动结式主要分布在基础句、非施事主语句、"把"字句三种句式中,且分布比例相差不大,在重动句和话题句中的分布数量相对较少。

---

① 此处为广义"被"字句,其中包括78例由"让"和"叫"充当被动标记的被动句。
② 其中包括45例动结式作非谓语核心的句子。

该语料库中指向主体论元的动结式共有 461 例。我们在判断结果补语语义是否指向述语动词主体论元的过程中，存在两个难题。

第一，主体论元与表示人体器官的外围论元难以区分。

当结果补语语义指向对象为人体器官时，大多数情况下述语动词的主体论元和外围论元能够清楚地区分开来，如：

（11）卡车嘎地一声在他身后刹住了，他的脸都<u>吓白</u>了。（《汉语动词-结果补语搭配词典》）

（12）你的脸都<u>累白</u>了，怎么还不休息休息呢？（《汉语动词-结果补语搭配词典》）

（13）他咳嗽得很厉害，把脸都<u>憋紫</u>了。（《汉语动词-结果补语搭配词典》）

（14）她因病三个月没出屋子，脸都<u>闷白</u>了。（《汉语动词-结果补语搭配词典》）

上例动结式"吓白"可以拆分成两个命题：他吓；他的脸白。"白"的语义指向对象，"他的脸"为外围论元。同理，"累白""憋紫""闷白"表示原因的命题主体都是由动作的主体"你""他""她"充当；结果命题的主体则由人体器官"脸"来充当，原因事件的主体和结果事件的主体不一致，人体器官是外围论元。但是，下例中对原因事件的主体与结果事件的主体的理解存在着不改变原意的两种理解，如：

（15）我的腿<u>摔青</u>了一大块，疼得走不了路。（《汉语动词-结果补语搭配词典》）

（16）今天早上我没吃早饭，肚子都<u>饿瘪</u>了。（《汉语动词-结果补语搭配词典》）

例（15）中述语动词"摔"的主体既可以由"我"充当，又可以由补语"青"的语义指向对象"腿"来充当；例（16）中"饿"的主体可以是"我"，也可以是"肚子"。这样，可以说"腿""肚子"是述语动词的主体论元，也可以认定为外围论元。

第二，由"吓、冻、气、饿"等充当述语动词时，主体论元与客体论元难以区分。

（17）怎么你的嘴唇都冻紫了，快进屋里暖和暖和吧。（《汉语动词-结果补语搭配词典》）

（18）今天真冷，我的手脚都快冻僵了。（《汉语动词-结果补语搭配词典》）

（19）他吓怕了，夜里从来不敢一个人出门。（《汉语动词-结果补语搭配词典》）

（20）他吓糊涂了，连一句话都说不出来了。（《汉语动词-结果补语搭配词典》）

（21）听了儿子忘恩负义的话，父亲都快气晕了。（《汉语动词-结果补语搭配词典》）

（22）听了儿子那几句不近人情的话，真把父亲气糊涂了。（《汉语动词-结果补语搭配词典》）

（23）他从小冻惯了，从来不怕冷。（《汉语动词-结果补语搭配词典》）

由于"吓、冻、气"兼有自动和他动的用法，它们充当谓语动词时，致事比较复杂或不明确，且役事能充当动作的主体，因此，这时的主体论元和客体论元较难区分。我们将这种情况下补语的语义指向对象看作述语动词的主体论元加以统计。这样《汉语动词-结果补语搭配词典》中的补语语义指向主体论元的动结式的句式分布如下所示（表5-3）。

表5-3　补语指向主体论元的动结式在真实语料中的分布

句式	基础句	"把"字句	"被"字句	重动句	非施事主语句	话题句	其他
数量（个）	193	35	2	77	21	44	89
比例（%）	41.9	7.6	0.4	16.7	4.6	9.5	19.3

补语语义指向主体论元的动结式占所收集语料的12.8%，主要分布在基础句式中，占41.9%；其次分布于无主句及重动句中，很少分布于非施

事主语句中，几乎不出现在"被"字句中，这与上文的理论分析是一致的。虽然理论上指向主体论元的动结式可以分布在"把"字句中，但使用"把"字句的频率并不高，并且主要用于主体"把"字句中，使用客体"把"字句的仅有2例。指向主体论元的动结式也很少分布于非施事主语句中，出现率较高的是由"厌烦、腻、赢、惯、习惯"等二价谓词充当补语的受事主语句，如下例所示，而5.2.1.1所列的D2类系事主语句没有出现。

（24）即使这场球打输了，也不要气馁。（《汉语动词-结果补语搭配词典》）

（25）假牙戴习惯了，就不觉得难受了。（《汉语动词-结果补语搭配词典》）

（26）轻音乐听厌烦了，换换古典音乐听听吧。（《汉语动词-结果补语搭配词典》）

（27）穷日子过惯了，再遇到什么困难也不怕。（《汉语动词-结果补语搭配词典》）

（28）虽然现在的日子过富了，但也不该乱花钱！（《汉语动词-结果补语搭配词典》）

补语语义指向主体论元的动结式在话题句中的分布也具有明显的倾向性规律：主要是由"腻、惯、习惯、熟、懂、厌烦"等二价动词充当结果补语的动结式位于受事话题句中，共42例，占话题句总数的95.5%；仅2例为非受事话题句，占话题句总数的4.5%，如：

（29）孩子们球玩腻了，又去练跳绳去了。（《汉语动词-结果补语搭配词典》）

（30）她嘴吃馋了，不好吃的东西不想吃了。（《汉语动词-结果补语搭配词典》）

虽然《汉语动词-结果补语搭配词典》不能代表完全真实的语言事实，但也可管窥一豹。从其所收录动结式的句式分布我们可以看到，补语语义指向主体论元的动结式的句式分布事实基本上符合语言理论推理，但是在具体使用频率上存在差距。

5.2.2　指向述语动词客体论元的动结式的句式分布

5.2.2.1　指向客体论元的动结式的句式分布推理

根据论元结构配位方式，客体论元主要位于动词之后，充当宾语，构成 SVRO 的句法格式。主谓宾式动结式（SVRO）是补语语义指向客体论元动结式的基础句式，所有指向客体论元的动结式都能进入此句式。除此之外，补语语义指向述语动词客体论元的动结式还能进入以下几种句式。

A."把"字句，"把"的宾语为动词的客体论元，主要是受事，称为客体"把"字句，记作 S 把 OVR，如：

猴子把饲养员挠伤了　　　　　家里人把他逼急了

孩子把老师问愣了　　　　　她把母亲气死了

小朋友们把她骂哭了　　　　他把小偷放跑了

他把头发染黑了　　　　　他把墙上的画都扯掉了

她把水壶烧漏了　　　　　爷爷把地面铲平了

他一脚把掉在地上的馒头踩扁了　别把车胎晒爆了

补语语义指向动词客体论元的动结式都是及物的，并且述语动词也是及物的。因此，动词的客体论元在表层句法结构中可以投射为整个动结式的宾语，并且可以通过移位的方式构成"把"字句。"把"字句是检验结果补语是否指向动词客体论元的试金石。

B."被"字句，记作 O 被（S）VR 了，如：

胶水瓶被他捏瘪了　　　　　自行车被风吹倒了

他的脚被大石头砸烂了　　　　敌人被我们打垮了

我被蚊子咬醒了　　　　　他的腿被炸残了

坏人被弟弟打蒙了　　　　门上那幅红对联都被阳光晒白了

117

"被"字句具有较强程度的遭受义，一般情况下能够与"把"字句进行自由转换，如 A 类"把"字句中的例子都能转化成相应的"被"字句，但"被"字句的遭受义句式特征要求充当结果补语的谓词具有［+贬义］或者［-期望］的语义值。因此，由褒义形容词充当的结果补语，不能进入"被"字句。比如，包含这类结果补语的动结式"理顺、绑结实、炸酥、开稳、写详细、对准、打扎实、说准确"等就不能进入"被"字句。

C. 重动句，记作 SVOVR，如：

他买菜买多了　他炒菜炒咸了　他画圈画扁了　爸爸挖沟挖浅了

一般认为，指向动词客体论元的动结式只有表评价义才能够进入重动句，而指向客体论元的致使义动结式不能构成重动句。如：

＊他画圈画圆了　　　　＊他点灯点亮了
＊他洗衣服洗干净了　　＊她晒衣服晒干了

补语语义指向动词的客体论元的动结式是典型的动结式，其补语表示的是"一种一般的、常见的、概括的、已模型化的（现成）的、没有时间/空间/量/方式等规定性的、可预测程度高的、信息价值比较低的因而只需一般凸显的性状"（郭继懋、王红旗，2001：16）。因此，补语所表状态与述语动词所表原因或方式的可预测程度高，不影响听话人句子理解的情况下，原因事件没必要刻意凸显，就没有使用重动句的充分条件了。

D. 受事主语句，记作 OVR，如：

锅底烧黑了　　　螃蟹蒸红了　　　那条路修窄了
豆子泡胀了　　　面和软了　　　　他的头撞青了
葡萄藤埋浅了　　我的袜子穿破了　这盆花晒蔫了
图书卡片排乱了　腿磕流血了　　　水管子冻裂了

补语语义指向述语动词客体论元的动结式在句法上支配着客体论元，语义上蕴涵着客体论元。此外，结果补语的语义指向客体论元，客体论元成为补语谓词的主体，同时与述语动词和补语谓词有语义联系，成为动结式的语义焦点。受事主语句中，客体论元位于句首，凸显程度较高，完全满足指向客体论元动结式的语义需求。因此，所有指向动词客体论元的动结式都能出现在受事主语句中，并且在受事主语句中的分布率也较高。

E. 话题句

补语语义指向客体论元的动结式，既可以分布在受事话题句中，也可以出现在施事话题句中。

E1 类：受事话题句，记作 OSVR，如：

鸭子爸爸煮熟了　　面奶奶和软了　　袜子我穿破了

油灯爸爸点亮了　　青菜我买多了　　腿他磕流血了

？妹妹我教会了　　*爸爸妹妹问烦了　这个字的最后一横你写歪了

E2 类：施事话题句，记作 SOVR，如：

*爸爸鸭子煮熟了　　*奶奶面和软了　　我袜子穿破了

*爸爸油灯点亮了　　我青菜买多了　　他腿磕流血了

*我妹妹教会了　　*妹妹爸爸问烦了　你这个字的最后一横写歪了

E3 类：外围论元话题句，记作 OSVR，如：

昨天夜里被子盖厚了　　上次面和软了　　卤菜店鸭子煮熟了

典型的指向动词客体论元的致使义动结式只能进入 E1 类受事话题句中，不能出现在 E2 类施事话题句中，大主语和小主语之间有领属关系的除外。此类动结式还可以出现在由时间、处所、方式、范围等外围论元充当主语的外围论元话题句中。充当位于句首的话题被凸显的程度最高，而受事是指向客体论元的动结式的语义焦点，放在句首充当话题加以凸显有相应的语用基础。因此，这类动结式主要分布在 E1 类受事话题句中，而不能出现在施事话题句中。

表5-4　补语语义指向客体论元的动结式的句式分布

语义指向对象	补语谓词特征	动结式语义类型	动结式的内部构成	动结式典型例子	基础句（主谓句）	"把"字句	受事主语句	话题句		重动句	"被"字句
								受事话题句	非受事话题句		
客体论元	无生谓词为主	客观变化 致使	V_t+V_i/A	擦干净	SVRO	+	+	+	—	—	+
			V_t+V_t	教会	SVRO	+	+	—	—	—	+
		主观评价	V_t+V_i/A	挖深	SVOVR	+	+	+	+	+	+

5.2.2.2　指向客体论元的动结式在真实语料中的分布统计

补语语义指向客体论元的动结式所占比例最大，《汉语动词-结果补语搭配词典》中指向客体论元的动结式共计1340例，占所有语料的37.1%。指向客体论元的动结式在真实语料中的句法分布情况如表5-5所示。

表5-5　补语语义指向客体论元的动结式在真实语料中的分布

句式	基础句	"把"字句	"被"字句	重动句	非施事主语句	话题句	无主句
数量（个）	113	465	172	56	403	36	95
比例（%）	8.4	34.8	12.9	4.2	30.1	2.7	7.1

从统计结果发现，结果补语语义指向动词客体论元的动结式分布规律为："把"字句>非施事主语句>"被"字句>基础句>无主句>重动句>话题句，不等式左边的句式数量多于右边的。此类动结式很少出现在重动句和话题句中，这与理论推断中致使义动结式在话题句和重动句的分布受限相符。而真实语料中出现在这两类句式中的动结式主要是补语表示预期结果偏离的主观评价义动结式，如：

（31）这种杂志我订多了一份，匀给你吧！（《汉语动词-结果补语搭配词典》）

（32）这块木板他给锯薄了，不能用了。（《汉语动词-结果补语搭配词典》）

（33）这本词典我买重了，送给你一本吧！（《汉语动词-结果补语

搭配词典》）

　　（34）我觉睡多了，头有点儿晕。（《汉语动词-结果补语搭配词典》）

　　（35）你这几个字怎么都写扁了？（《汉语动词-结果补语搭配词典》）

也有表示非预期结果的致使义动结式，如：

　　（36）我这顶帽子戴脏了，该洗洗了。（《汉语动词-结果补语搭配词典》）

　　（37）这次搬家搬丢了好几件东西。（《汉语动词-结果补语搭配词典》）

　　（38）刚磨的刀怎么使用了几天就使钝了？（《汉语动词-结果补语搭配词典》）

　　（39）空气太潮湿，衣服晾了一天还没晾干。（《汉语动词-结果补语搭配词典》）

　　（40）这头猪喂了一个月就喂肥了。（《汉语动词-结果补语搭配词典》）

　　从这些例句中发现：指向客体论元的致使义动结式并非完全不能进入重动句，其所在的重动句格式特殊，不同于 5.2.2.1 中所列的 SVOVR 型重动句。这类重动句由客体论元充当主语，第一个动词结构由 "V+时间补语" 的格式构成，可以码化为 "O+V+时间段+V+结果补语"。这类重动结构可以看作重动句的一个新种类，现有文献关于重动结构的研究尚未将这种格式纳入其中。

　　虽然动结式的具体句法配置受到包括语体、语用、动结式的语义类型等多种因素的影响，但是我们统计结果显示出一条倾向性规律：补语语义指向客体论元的动结式在真实语料中主要以凸显客体论元的句法格式，如 "把" 字句和非施事主语句的形式出现。

5.2.3　指向述语动词外围论元的动结式的句式分布

5.2.3.1　指向外围论元的动结式的句式分布推理

　　现代配位理论认为，语言结构中，施事等主体论元主要占据主语的位置，受事等客体论元占据宾语的位置，工具、材料等外围论元在介词的引导下占据状语的位置。陈平（1994）提出了充任主语、宾语的语义优先序列："施事＞感事＞工具＞系事＞地点＞对象＞受事"，左边的语义角色优于右边的角色充任主语;相反,宾语优先分配给受事,逐次轮到">"左边的角色。理论上看,外围论元可以在介词的引导下充当动结式的状语或直接充当动结式的宾语。从语言事实看,动词 V 的外围论元上升为动结式的客体论元,主要充当动结式的宾语,构成 S+VR+O 的句法格式。SVRO 式是补语语义指向外围论元的基础句式。除此之外,补语语义指向外围论元的动结式还可以进入以下几种句式中。

A. "把"字句。"把"的宾语为动词的外围论元,主要是动作发生时伴随的人体器官、旁及、工具等,述语动词的外围论元上升成为动结式的客体,记作 S 把 OVR,如:

老奶奶把眼睛哭瞎了   她把嗓子喊哑了

我把腿坐麻了   她把帽子跑丢了

他把鞋子踢破了   妹妹把枕头哭湿了

她把墙上贴满了奖状   他把院子里种满了花

旅客把车厢站满了   他把铁锹挖断了

他把马鞭抽折了   他把毛巾擦脏了

补语语义指向动词外围论元的动结式也都是及物的,述语动词的外围论元都能够提升成为表层结构中动结式的宾语,被指向成分都能够移位作"把"字句的宾语,构成致使结构,表示对外围论元处置后产生的结果。所有的指向外围论元的动结式都能进入"把"字句,"把"字句也是检验结果补语是否指向外围论元的试金石。

B. "被"字句,记作 O 被(S)VR 了,如:

眼睛被老奶奶哭瞎了   嗓子被她喊哑了

腿被我坐麻了   帽子被她跑丢了

鞋子被他踢破了   枕头被妹妹哭湿了

墙上被奖状贴满了/墙上被他贴满了奖状   车厢被旅客站满了

院子被花种满了/院子被他种满了花   铁锹被他挖断了

马鞭被他抽折了   毛巾被他擦脏了

C. 重动句。补语语义指向动词外围论元的动结式能够进入的重动句有两种类型。

C1 类：施事主语重动句，记作 SVO_1VRO_2，如：

老奶奶哭儿子哭瞎了眼睛　　　她喊救命喊哑了嗓子

我坐火车坐麻了腿　　　　　　她跑步跑丢了帽子

他踢球踢破了鞋子　　　　　　妹妹哭妈妈哭湿了枕头

她贴奖状贴满了墙　　　　　　他种花种满了院子

他刨树刨乱了那个山坡　　　　他挖地挖断了铁锹

他抽孩子抽折了马鞭　　　　　他擦桌子擦脏了毛巾

他写通知写落了一个字　　　　他玩牌玩忘了一件重要的事

补语语义指向动词外围论元的动结式能够进入重动句，但并非所有的类型都能进入。理论上，述语动词为及物动词的动结式都能进入这类重动句。

C2 类：非施事主语重动句，记作 O_2VO_1VR，也可以将其看作非主体论元主语句的变体，如：

棉鞋踩雪踩湿了　　　　　　衣服吃西瓜吃脏了

头发愁房子愁白了　　　　　嗓子喝酒喝哑了

菜刀剁肉剁钝了　　　　　　盆子洗脚洗破了

戏台跳舞跳塌了　　　　　　院子种花种满了

"重动句的宾语是相对开放的"，"只要语义上匹配、协调，各种形式的宾语都能进入重动句"（王灿龙，1999）。施春宏（2008）认为重动句的使用没有强制性，其生成是为了安排底层结构中无法直接提升的动词的底层论元。补语语义指向动词外围论元的动结式形成的语义焦点是"外围论元＋补语"的陈述内容，外围论元提升成为动结式的表层宾语，而述语动词的客体论元在表层结构中无法安置，只有通过动词拷贝的形式体现。因此，补语语义指向述语动词外围论元的动结式，尤其是由及物动词充当述语的动结式更具备生成重动句的句法语义基础。补语语义指向述语动词外围论元的动结式都能进入重动句。

D. 外围论元主语句。这里的主语指的是述语动词 V 的外围论元，即结果补语的语义指向对象充当主语，记作 OVR，如：

棉鞋踩湿了	衣服吃脏了	头发愁白了
嗓子喊哑了	？墙上贴满了	？院子种满了
戏台跳塌了	山坡刨乱了	铁锹挖断了
菜刀剁钝了	毛巾擦脏了	

动结式的语义核心是结果补语，整个动结式的语义焦点是由结果补语与其语义指向对象构成陈述性命题。指向述语动词 V 的外围论元的动结式，如果由非施事语义角色充当主语，那么充当话题的只能是结果补语所指成分——外围论元。补语语义指向动词 V 的外围论元的动结式都能转换成外围论元主语句，但以"满"为补语的动结式除外。

E. 话题句。补语语义指向述语动词 V 外围论元的动结式，主要分布的话题句有两种类型。

E1 类：外围论元话题句，记作 O_2SVO_1VR，如：

棉鞋宝宝（踩雪）踩湿了	衣服孩子（吃西瓜）吃脏了
头发爸爸（愁房子）愁白了	嗓子爷爷（喝酒）喝哑了
菜刀爷爷（剁肉）剁钝了	盆子我（洗脚）洗破了
戏台他们（跳舞）跳塌了	山坡他们（刨坑）刨乱了
院子爷爷（种花）种满了	书包妹妹（装书）装满了

E2 类：主体论元话题句，记作 SO_2VO_1VR，如：

宝宝棉鞋（踩雪）踩湿了	孩子衣服（吃西瓜）吃脏了
爸爸头发（愁房子）愁白了	爷爷嗓子（喝酒）喝哑了
爷爷菜刀（剁肉）剁钝了	我盆子（洗脚）洗破了
？他们戏台（跳舞）跳塌了	？他们山坡（刨坑）刨乱了
爷爷院子（种花）种满了	妹妹书包（装书）装满了

补语语义指向述语动词 V 外围论元的动结式能够支配的名词性成分可以包含动词 V 的所有论元：主体论元、客体论元和外围论元。这类动结式中，三种名词性成分能够同时出现在句子中，它们构成的话题句可以以显

现客体论元的重动句形式出现。客体论元不是句子语义焦点，可以隐去，构成一般的话题句。其中 E2 类主体论元话题句（主谓谓语句）中的大主语 S 和小主语 O_2 之间构成一种领属关系，其中表处所的外围论元与表动作的主体论元之间的领属关系弱，能否构成主体论元话题句存在争议。

陈平（1994）曾指出充任话题的语义角色存在一个优先序列"系事>地点>工具>对象>感事>受事>施事"，话题优先配置给左边的语义角色，逐次轮到右边的语义角色。补语语义指向述语动词外围论元的动结式中充当外围论元的地点、工具、旁及等语义角色更容易配置成话题句的主语。因此，这类动结式具有配置为话题句的理论基础。综上，补语语义指向外围论元的动结式句式分布推理如表 5-6 所示。

表 5-6　补语语义指向外围论元的动结式的句式分布

语义指向对象	补语谓词特征	动结式语义类型		动结式的内部构成	动结式典型例子	基础句(主谓句)	"把"字句	"被"字句	重动句		外围论元主语句	话题句	
									施事主语重动句	非施事主语重动句		外围论元话题句	主体论元话题句
外围论元	无生谓词为主	客观变化	致使	V_i+V_i/A	哭湿、坐麻	SVRO	+	+	+	+	+	+	+
				V_i+V_t	跑丢、笑弯	SVRO	+	±	±	+	+	+	+
				$V_t+V_i/A(1)$	唱哑、砍钝	SVRO	+	+	+	+	+	+	+
					装满、放满	SVRO	+	+	+	+	+	+	+
				$V_t+V_i/A(2)$	跳塌、刨乱	SVRO	+	+	+	+	+	+	?
			自变	V_i+A	长满	SVRO	—	—	—	+	—	—	—

5.2.3.2　指向外围论元的动结式在真实语料中的分布

补语语义指向外围论元的动结式所占比例不大，《汉语动词-结果补语搭配词典》中指向外围论元的动结式共计 238 例，占所有语料的 6.6%。指向外围论元的动结式在真实语料中的句式分布情况如表 5-7 所示。

表 5-7　补语语义指向外围论元的动结式在真实语料中的分布

句式	基础句	"把"字句	"被"字句	重动句	非施事主语句	话题句	其他
数量（个）	23	43	7	17	128	7	13
比例（%）	9.7	18.1	2.9	7.1	53.8	2.9	5.5

从统计结果发现，结果补语语义指向动词外围论元的动结式主要分布在非施事主语句中，其次是"把"字句和基础句中，很少分布在"被"字句和话题句中。

为了更集中地观察现象，我们抽取《汉语动词-结果补语搭配词典》中指向外围论元频率较高的"湿""红""钝""满"的全部动结式例句，统计发现补语语义指向外围论元的动结式主要分布的句法格式如表 5-8 所示。

表 5-8　补语语义指向外围论元的动结式在真实语料中的句式分布抽样

	基础句	"把"字句	非施事主语句	"被"字句	重动句
湿（10 例）	0	4（40%）	4（40%）	2（20%）	0
红（5 例）	0	0	4（80%）	0	1（20%）
钝（0 例）	0	0	0	0	0
满（73 例）	66（3①）	1	6（1②）	0	0

从我们收集的例句中发现，含"湿"的共有 11 个例句，其中有 10 个都是指向谓词动词的外围论元的；含"满"的共有 79 个例句，其中指向时间的有 6 例，3 例指向"容器量词+名词"结构中的容器量词，其余的 70 例都指向句中的处所短语。这些说明："湿"和"满"是典型的语义指向外围论元的补语谓词。"红"充当结果补语时（21 例），既可指向主体论元（4 例），又可指向客体论元（12 例），还可以指向外围论元（5 例）。"钝"可以用来指表示工具的"刀、斧头"之类的事物，但在语言现实中，"钝"充当结果补语主要指向动词的客体论元。我们检索的 CCL 语料库中含"钝"的例句有 2041 条，能与之组合构成动结式的动词主要有"磨、变、用"三个词，其中含有"磨钝、用钝、变钝"的例句共计 40 条，但"钝"的语义

---

① 其中 3 例是"$S_{处所}$+VR"的格式，O 隐去未出现或作为话题出现或作为上下文另一小句主语出现。

② 其中 1 例处所词作为话题主语出现，构成"$S_{处所}$+O+V 满"格式。

都是指向动词的客体论元，如：

（41）战士们手掌打泡、虎口震裂，钢钎、十字镐被坚硬的石头磨钝，但光缆沟却以惊人的速度向前延伸。（《人民日报》1995-03-24）

（42）要定期更换剃毛器的刀片，因为刀片很快就会变钝。（《懒女孩的美丽指南》）

（43）旅行推销员金格·吉列由于对经常要磨剃刀感到厌烦，发明了一种用钝了便丢弃不要的安全刮脸刀片：刀片很薄，用钢制成，两边都开口。〔《读者》（合订本）〕

例（41）中的"钢钎、十字镐"虽然都是工具，却是动词"磨"的对象，是客体论元，而不是外围工具论元；例（42）中的"刀片"是动词"剃"的外围论元——工具，却是动词"变"的主体；例（43）中的"刀片"也是"用"直接作用的对象，是"用"的客体论元，而非外围论元。这些说明："钝"虽具有与"工具"直接关联的语义基础，但在语言现实中充当动结式的补语语义指向"工具"的可能性较小。

从指向旁及的谓词"湿"和"红"构成的动结式的句式分布规律，我们推断：指向旁及的结果补语主要分布在外围论元作话题主语的话题主语句（O+VR）中，其次是"把"字句。

指向处所的补语谓词"满"构成的动结式的句法配置具有较强的特殊性。第一，其出现频率最高的句式为：$S_{处所}$+V满+O，其中O可以隐去不出现。"$S_{处所}$+V满+O"格式是"满"充当结果补语的一种占绝对优势的句法实现方式。第二，这种句法格式中的"O"和"$S_{处所}$"的位置可以互换，构成"O+V满+$S_{处所}$"而不影响原句的真值语义，如"背包里装满了书"也可以说成"书装满了背包"，句子的概念意义不发生任何变化。

5.2.4　指物式动结式句式分布总结

指物式动结式是动结式的主要构成部分。结果补语所指的名词性成分既可以是述语动词的主体论元、客体论元，也可以是外围论元。我们将上文讨论的内容汇总成表5-9。

表 5—9 指物式动结式句式分布汇总

动结式类型	语义指向对象	结果补语谓词特征	动结式语义类型	动结式的内部构成	动结式典型例子	基础的句法配置	频次最高的句法实现形式	"把"字句	"被"字句	重动句	非施事主语	话题句
指物式动结式	主体论元	有生谓词为主	客观变化 致使	Vi / A+Vi / A	站累、急哭	SVR	SVR	+	±	+	+	+
				Vi+Vt	跑赢	SVRO		+	—	+	—	+
				Vt+Vi / A	洗累、吃胖	SVR		+	—	+	+	+
				Vt+Vt	听懂、学会	SVRO		+	±	+	+	+
			自变	Vi+Vt	长大、睡醒	SVR		—	—	—	—	+
	客体论元	无生谓词为主	主观评价 致使	Vi / Vt+Vi / A, Vi+Vt	人来多了 学聪明了	SVR	OVR	少量	—	+	—	—
			客观变化 致使	Vt+Vt	教会、问烦	SVRO		+	+	+	+	+
				Vt+Vi / A	晒干、打死	SVRO		+	+	+	+	+
			主观评价	Vt+Vi / A	挖深、买多	SVRO		+	+	+	+	+
	外围论元	无生谓词为主	客观变化 致使	Vi / A+Vi / A	哭湿、坐麻	SVRO	OVR	+	+	+	+	+
				Vi+Vt	跑丢、笑弯	SVRO		+	+	±	+	+
				Vt+Vt	唱哑、砍钝	SVRO		+	+	+	+	+
				Vt+Vi / A（1）	装满、放满	SVRO		+	+	+	+	+
				Vt+Vi / A（2）	跳塌、刨乱	SVRO		+	+	+	+	+
			自变	Vi+A	长满、变钝	SVRO		—	—	少量	—	—

128

5.2.5 指物式动结式句式分布规律及其认知解释

指物式动结式中的结果补语语义可以指向动词的三大类论元角色。动结式的句式分布跟动结式的语义指向对象、动结式的语义类型、动结式内部述语动词和补语谓词的配价密切相关。从表 5-9 中我们可以看出，补语语义指向动词客体论元的致使义动结式是指物式动结式的原型，指向外围论元的动结式的句式分布规律与原型动结式相差无几，指向主体论元的动结式的句式分布规律最为特殊，由此我们判断指向主体论元的动结式的原型性最差。补语语义指向客体论元的动结式和指向外围论元的动结式都是及物性动结式，几乎都可以出现在基础句 SVRO 及与动补结构有关的五大句式中。这是指物式动结式句式分布的总体规律。除此之外，指物式动结式的句式分布规律还表现出一定的特殊性。

5.2.5.1 指向述语动词客体论元的致使义动结式 V_t+V_i/A 不能进入重动句

指向述语动词客体论元的致使义动结式是动结式的原型，表达了最典型的动结式的语义，如"点亮、擦干净、撞开"等，但这类动结式在句法分布规律上是指向客体论元的动结式中唯一一个特殊类别。这类动结式为什么不能在重动句中是我们要探讨的问题。

重动句是汉语动补结构产生以后而形成的一种新的句法结构。很多人认为，重动句的产生是为了解决"宾补争动"的问题（王力，1944；杨玉玲，1999/2013；戴耀晶，1998；等等）。杨玉玲（1999）认为动词后只安排一个重要信息，当补语和宾语同时作为信息焦点时，补语通过重动句的方式安置宾语。施春宏（2010）则从论元结构的整合角度指出，重动句是为了安置不能直接提升的底层论元。也有人从认知功能的角度解释动结式能否形成重动句的原因，项开喜（1997）指出重动句是为了突出强调动作行为的超常量，包括超常结果或超常状态。袁毓林（1999）、赵新（2001）、张旺熹（2002）持类似观点。在前人研究的基础上，我们认为指向动词客体论元的致使义动结式不能进入重动句的原因是多方面的。

第一，缺乏相应的句法环境需求。重动句并不是解决"宾补争动"的唯一方式。指物式动结式是及物的动结式，述语动词的客体论元和补语谓词的主体论元同指，构成整个动结式的语义焦点，根据语义距离相似性原则，"在功能上、概念上或认知上更接近的实体在语码的层面也放得更近"（Givón，1990），这类动结式优先选择无标记句来安置客体论元。这类动结式没有使用重动句的句法环境需要。

第二，缺乏认知语义基础。从认知语义上看，重动句的补语表示的结果是"非预期的结果、超常的结果"（项开喜，1997），是或然的、间接的、偶发性的结果（张旺熹，2002），是预期结果的一种偏离（张旺熹，2002；沈阳、彭国珍，2010）。马真、陆俭明（1997b）将动结式的语用义分为预期结果的实现、非理想结果的出现、自然结果的出现、预期结果的偏离四种类型。其中前两种类型的结果补语主要出现在表示客观变化的致使义动结式中。"自然结果的出现"与表示客观变化的自变义动结式对应，"预期结果的偏离"与主观评价义动结式对应，"非理想结果的出现"也是一种非预期结果。补语语义指向客体论元的致使义动结式是原型动结式，结果补语表达的原型语义特征是一种可预测程度高、信息量低、规约化的结果。这类结果补语与述语动词的语义距离近，整合度高，处于一种凝固化的状态中，刚好处于重动句补语语义特征的对立面。因此，指向客体论元的致使义动结式并没有使用重动句的语义基础。而所有的表示主观评价的动结式都是预期结果偏离，不管结果补语的语义指向谁，都能自由进入重动句。

我们非常赞同张旺熹的"远距离因果关系论"。这里的"远"是一个相对的概念，即"间接的因果远于直接的因果；隐性的因果远于显性的因果；主观的因果远于客观的因果；偶发的因果远于规约的因果；具体的因果远于概括的因果；等等"（张旺熹，2002：62）。因果关系距离指的是动补结构中原因事件和结果事件之间的语义距离。但这种间接、直接，隐性、显性，主观、客观等概念具有较强的主观性，有时难以分清并把握。在张旺熹的基础上，我们提出一种更为直观的判断原因事件和结果事件之间语义距离的方法——补语谓词的论元与述语动词 V 的客体论元是否同指。结果补语谓词的论元（包括主体论元和客体论元）与述语动词的客体论元关系越远，进入重动句的自由度越高；反之亦然。

结果补语谓词的主体论元与述语动词的客体论元没有同指关系时，原因事件和结果事件之间的语义距离最远，构成重动句的自由度最高，如"唱哑、砍钝、装满"及"洗累、吃胖"等；结果补语谓词的客体论元与述语动词的客体论元没有同指关系时，原因事件和结果事件之间的语义距离次远，可以构成重动句，如"教会、问烦"等；述语动词无客体论元，动结式构成重动句的能力不稳定：能够形成动宾式离合词的述语动词可以构成重动句，如"站岗、跑步"，否则不能。结果补语谓词的主体论元或客体论元与述语动词的客体论元一旦有同指关系，原因事件和结果事件之间的关系就拉近了，无法构成重动句。

具体地说，补语与述语动词主体论元和外围论元关联时，就与述语动词的客体论元之间，既没有句法关系也没有语义关系，两者之间的语义距离最远，构成重动句的自由度最高。但补语为二价动词时，即使补语的主体论元与述语动词的客体论元不同指，但补语的客体论元与述语动词的客体论元存在同指关系，两者之间的语义距离就不够远，不能达到构成重动句的语义条件。如"我听懂了她的话"中述语动词"听"的客体论元是"她的话"，"她的话"同时也是补语谓词"懂"的客体论元。述语动词的客体论元和补语动词的客体论元同指，语义距离不够远，不能构成重动句。这也是补语语义指向述语动词主体论元的致使义及物动结式"听懂、看清楚"等不能进入重动句的原因。

总之，不同类别的动结式进入重动句的自由度是有差别的。动结式能否进入重动句的判别标准跟动结式的语用义密切相关：表示主观评价的动结式是预期结果的偏离，原因事件和结果事件之间的语义距离较远，能够自由进入重动句；表客观存在的致使义动结式进入重动句的自由度受到结果补语语义指向对象（语义指向）的影响，结果补语的主体论元和客体论元都与述语动词 V 的客体论元异指时，致使义动结式可以进入重动句；结果补语任何一个论元与述语动词 V 的客体论元同指，进入重动句的能力都会受到限制。而述语动词为一价动词，没有客体论元时，结果补语进入重动句的能力也会受到限制，少数离合词如"站岗、跑步、下棋"等除外。由此，我们得出动结式进入重动句的认知动因是原因事件和结果事件之间的远距离语义关系。语义距离的表现或结果补语进入重动句的具体制约因素为：

　　述语动词的配价>动结式的语用义>动结式中结果补语的论元与述
语动词的客体论元之间的同指关系

　　也就是说不管原因事件和结果事件的语义距离有多远，如果述语动词
是一价的且没有固定的离合词的形式，就不能进入重动句。述语动词的配
价是判断动结式能否进入重动句的先决条件。另外两种制约因素的具体结
果表现为：

　　评价义动结式>致使义动结式>自变义动结式
　　补语语义指向外围论元>补语语义指向主体论元>补语语义指向客
体论元
　　二价述语>一价述语

　　不等式左边的动结式中原因事件与结果事件之间的语义距离大于右边
的动结式的，构成重动句的自由度高于右边。

5.2.5.2 "把"字句是检验补语语义指向述语动词客体论元及外围论元的试金石

　　"把"字句具有"强影响性"特征，强调动作行为的产生给事物状态带
来的变化，是一种有界行为，其显著的形式特点是不能使用动词的光杆形
式作谓语，必须用动词的复杂形式。结果补语"界化"动词的功能与"把"
字句的句法语义特征不谋而合，"把"字句与结果补语搭配使用具有天然的
现实的语义基础。结果补语语义指向对象是述语动词所表动作行为作用下
产生的状态的主体，即结果事件的主体，是整个动结式的语义焦点，可以
通过不同的方式加以凸显。

　　认知语言学认为，句法距离是对语义距离的临摹。作为语义焦点，
结果补语语义指向对象可以后置于 SVRO 句式的末尾，作为新信息得以
凸显；也可以置于"把"字之后，充当"把"的宾语，构成"把"字
句，以强调述语动词对其的影响力。因此，所有的指物式动结式都有进
入"把"字句的语义、语用基础。所以，含有一定致使义的指物式动结
式一般都能进入"把"字句。陆俭明、沈阳（2003）用名词移位的理

论也证实了补语语义指向谁，谁就可以跑到"把"字后面充当宾语构成"把"字句的事实。我们则把"把"字句作为判断指物式结果补语语义指向对象的试金石。

但我们不得不指出的是：致使义弱的补语语义指向外围论元的自变式动结式、补语语义指向主体论元的自变式与评价式动结式无法进入"把"字句。

5.2.5.3 自变义和主观评价义指物式动结式分布的句式单一

不管结果补语语义指向述语动词的哪一论元，自变义动结式或主观评价义指物式动结式都分布在 SVR 或 OVR 这一简单的句法格式中。这与动结式中述语动词和补语谓词的不及物性密切相关。自变义指物式动结式中述语动词如"睡、长、变"等词能动性较差、影响力弱，难以形成程度较强的致使义，属非典型性动结式。这些动词为不及物动词，与补语谓词共享一个主体论元，无法与其他论元关联。述语动词、补语谓词句法功能的单一及论元的叠合造成了其句法分布的单一。

5.2.5.4 指向述语动词主体论元的动结式的特殊性

指向述语动词主体论元的动结式存在多方面的特殊性，我们分别阐释。

第一，"V+V$_t$"式致使义动结式不满足"补语语义指向'把'的宾语"这一普遍规律。

虽然指向主体论元的致使义动结式都能进入"把"字句，但构成的"把"字句内部有差别，分为两种不同的类型：由"V+V$_i$/A"式动结式构成的"主体论元把字句"和由"V+V$_t$"式动结式构成的"客体论元把字句"[1]。

指向述语动词主体论元的原型动结式"V+V$_i$/A"可以构成"主体论元把字句"，满足动结式语义指向对象判断的试金石"把"字句的检验，即主体论元可以移位到"把"字后充当宾语。如：

（44）为了大学学费她把自己变成水泥人，她强忍着不哭，却把编

---

[1] 有人将其称为"把施句"和"把受句"。由于"把"的宾语并非只由施事或受事来充当，所以我们改称为"主体论元把字句"和"客体论元把字句"。

辑<u>看哭</u>了。（BCC 语料库微博）

（45）那种食物一个月能把人<u>吃胖</u>一公斤。（亦舒《寂寞鸽子》）

（46）看看都快要把主人<u>急哭</u>了，众人才萌生了体谅主人的心情，起身就道。（龙应台《野火集》）

（47）差点儿把母亲<u>气晕</u>死过去。（罗伟章《妻子与情人》）

（48）许多自号为发明家的，今日招待报馆记者，明日到学校演讲，说得自己不晓得多么有本领，爱迪生和安因斯坦都不如他，把人<u>听腻</u>了。（许地山《铁鱼的鳃》）

以上例句中"把"的宾语："编辑""人""主人""母亲""人"，既是动结式中述语动词的主体论元，也是补语谓词的主体论元。结果补语语义指向"把"的宾语，符合"补语语义指向'把'的宾语"这一普遍规律。虽然真实语料中这类句子所占比例较小，但也是对传统语法中认为"把"字句中"介词'把'引出受事、对受事加以处置"（黄伯荣、廖序东，2019）这一观点的挑战。

与之相反，由"V+V$_t$"式动结式构成的"客体论元把字句"就不满足"补语语义指向'把'的宾语"这一普遍规律了。"V$_t$+V$_t$"类动结式虽然也能出现在"把"字句中，但其构成的"把"字句只能是"客体论元把字句"。如"我把他的本性看清楚了"，"把"的宾语并非补语谓词的语义指向对象、述语动词的主体——"我"，而是述语动词的客体论元。故而，这类动结式的补语语义指向对象并不能用"把"字句来判断，不满足"补语语义指向'把'的宾语"这一普遍规律。

我们统计的真实语料中指物式动结式所处的"把"字句共 543 例，只有 35 例中结果补语语义不指向"把"的宾语，占 6.4%。这类不符合此项规律的结果补语主要是具有人性值的二价及物动词，如"会、懂、明白、腻、输、赢、习惯、明白、清楚、赔、赚"等少数几个。

（49）另一位张师傅则笑着说，儿子马上要买新车，我赶紧把车<u>学会</u>了，以后也是个家庭司机"后备军"了。（《人民日报》海外版 2002-12-25）

（50）这回总算把京剧<u>看懂</u>了！（《人民日报》1964-07-07）

（51）"还是头条啊！只是非独家而已，他们自己不把话听明白，怪得了谁？"（董妮《红狮之吻》）

（52）然后我想为了你好，使用一次你给予我的，可以左右你的生命的权力，揭开蒙在你眼睛上的罩布，使你把问题看清楚一点。（巴尔扎克《被遗弃的女人》）

（53）红藻丝还在浮浮浪浪往滩上拱，他瞪大浊眼看海，看红藻沉浮，看浪头变换流转，努力想把海看懂。（关仁山《风暴潮》）

（54）"有你去，自然更好，就是我一个人也不会把官司打输！"春儿说。（孙犁《风云初记》）

上述结果补语"会、懂、明白、清楚、输"语义并不指向"把"的宾语，而是指向充当主语的述语动词的主体论元。

第二，"V_i+V_t"式致使义动结式与"$V_i/V_t+/V_i/A$"致使义动结式在话题句与非施事主语句中的分布互补。

当动结式的补语谓词为不及物动词或形容词时，补语语义指向述语动词主体论元的动结式不会出现在话题句及非施事主语句中。当补语谓词为及物动词时，该类动结式恰好能出现在上述两种句式中。这种互补分布与补语谓词的及物性有关。

第三，补语语义指向述语动词主体论元的所有动结式很少出现在"被"字句中。

从理论上看，一般认为"能够形成'把'字句的也能形成'被'字句"（褚鑫，2016），"把"字句与"被"字句对应分布。但从真实文本语料库中的语言事实来看，补语语义指向主体论元的致使义动结式虽然都能出现在"把"字句中，但很少出现在"被"字句中。我们观察到的、能够出现在"被"字句中的补语语义指向主体论元的动结式主要包括两类：补语由具有人性值的二价及物动词充当，如下例（55）～（58）；由"冻、气、惊"等充当述语动词的动结式，整个动结式表达一种遭受义，如例（59）～（61）。

（55）技术操作方法如止血、包扎、固定、搬运、人工复苏等简便且易被学会和掌握。（BCC语料库科技文献）

（56）这些都是小朋友喜欢的形式，一些小常识自然而然就被学会

了。（《文汇报》2001-12-24，《银色穹顶下的科技魅力》）

（57）病人听不懂别人讲话，自己言语虽很流利，但内容不正常，答非所问，无自制力，自发多，在发音用词方面有错误，词句杂乱而不能被听懂。（BCC语料库科技文献）

（58）想来想去，此人只有一个优点，就是能被看清楚。（BCC语料库微博）

（59）原来，她的身子已被冻僵，手脚全被冻坏。（《人民日报》1979-05-26）

（60）我险些被气晕了。（范伟《我的倒儿爷生涯》）

（61）其余三个同来的军官似乎被惊醒、不约而同地看向那个失声的青年同僚。（苍月《镜外传》）

真实语料中"被"字句的使用频率与理论推理为什么出现如此大的偏差？我们认为这是受语言经济性原则的驱动形成的。由于补语语义指向主体论元的动结式中述语动词和补语谓词的主体论元同指，作为整个动结式的语义焦点，主体论元以充当句子主语的方式出现，便能凸显其焦点地位，而述语和补语的其他论元在不被凸显的情况下，以隐身的方式不出现。因此，基础句SVR格式在真实语料中是补语语义指向主体论元的动结式的首选，从语料库的分布统计中也证实了这一点。

从句法结构类推的角度来看，既然补语语义指向主体论元的动结式能够出现在"把"字句中，就一定能出现在"被"字句中。但"被"字句强调对谓语动词客体论元的处置结果、状态等，这与补语语义指向主体论元的动结式的语义要求完全不符。这种句法语义的不一致，导致真实语料中这类动结式出现在"被"字句中的频率并不高，即使出现，也具有以下特征：句法上，由谓语动词的客体论元充当主语，主语并非补语的语义指向对象，如例（55）～（58）；语义上，补语的语义指向对象为无定的、泛化的人，在句法中常隐匿不出现，也即，这类动结式能够出现的"被"字句常为"N$_{客体论元}$+被+VR"格式；或者述语动词特殊，具有程度较强的遭受义，且有自动和使动的用法，如例（59）～（61）中的述语动词"气、冻、惊"等。这些词为一价动词，所系联的论元为动词的主体论元，但这些动作行为或状态的产生并非主体主动获得，而是通过一定的致事使主体被动获得的，即施春宏

（2008：46）所指的"外部致使"。这些动词本身蕴含着遭受义，这一点与"被"字句使用的语义环境相同，因此，由这些词作述语动词与人性值谓词组合构成的动结式具有出现在"被"字句中的语义前提。

5.3　指动式动结式句式分布的理论推理与实证

5.3.1　指动式动结式句式分布推理

指动式结果补语基础句的句法实现形式仍然是 S+VR+（O）。指动式动结式除了能够进入 SVR（O）式主谓式句式外，还能进入以下几类句式。

A."把"字句。"把"的宾语为动词的客体论元，主要是受事，称为客体"把"字句，记作 S 把 OVR，如：

<blockquote>

叔叔把房子盖好了　　　我把那本书看完了　　　她把车子停住了

她把绳子抓紧了　　　警察把目标瞄准了　　　他把水果分匀了

</blockquote>

上文我们根据补语谓词是否虚化将指动式动结式分为虚化义动结式和实义动结式两种类型，实义动结式进一步区分为语义单指动作行为的动结式、语义兼指动作和事物的动结式。这三类动结式在"把"字句中的句法分布也不相同：虚化义动结式中的结果补语谓词的语法化程度高低不等，所有词的实词义和时体义在现代汉语共时层面是共存的，这类动结式的语义指向存在同时指向动词和其他论元等多个成分的兼指现象。因此，虚化义动结式有将兼指的名词性成分配置为"把"的宾语，构成"把"字句的可能。而由事件值形容词充任结果补语的动结式语义上更是同时兼指动词和事物，也能进入"把"字句，但由时间值充任结果补语的指动式动结式不能进入"把"字句。

B."被"字句，记作 O 被 VR，如：

<blockquote>

小偷被警察抓住了　　　苹果被孩子吃掉了　　　阴谋被大家揭穿了

把戏被大家识破了　　　头发被揪住了　　　通天河被冻住了

孩子被惯坏了　　　粮食被糟蹋完了

</blockquote>

指动式动结式进入"被"字句的可能性非常小，只有少数表示"损失、定止"义的虚化结果补语能够进入，并且并非损失义、透彻义、定止义的虚化补语在任何情况下都能进入"被"字句。指动式动结式表示被动经常采用受事主语句的方式，而不直接运用"被"字句。

C. 重动句，记作 SVOVR，如：

叔叔盖房子盖好了	他看电影看完了	？她停车停住了
？他找工作找到了	她动手术动晚了	他坐飞机坐久了
他吃早饭吃早了	他跑省城跑多了	她抓绳子抓紧了
他分水果分均了	他办那事办妥了	她写字写错了

补语语义指向动词的动结式是非典型动结式，指动式动结式的原型是非致使义动结式，是根据说话人的主观感受对动作行为发生时间的长短、频度、强度、速度、准确度、距离、情态等做出的主观评价。动词 V 和补语之间的语义关系可预测程度低，是偶然的。这种结果状态形成的原因是多样的，因此需要通过某种方式凸显原因事件。而汉语中"动词后只安排一个重要信息单位"（温锁林，1996），结果事件作为整个事件的信息焦点，优先安排在动词后面，与动词结合构成动结式，原因事件则处于次重要地位。为表达出完整的原因事件，汉语句子的内部机制将其安排在动词拷贝形式中以解决可能因原因事件不明确、信息表述不完整而产生的歧义问题。因此，指动式动结式一般都能进入重动句。

D. 受事主语句，记作 OVR，如

目标瞄准了	绳子抓紧了	事情办妥了	书拿反了
工作找到了	作业写完了	山洞凿穿了	裤子裁坏了
饭吃早了	手术动晚了	省城跑多了	水喝猛了

受事主语句是受事话题化成为句子主语的句子。一般情况下受事主语句表达被动态，但大多数由指动式动结式派生出的受事主语句中的主语表达的是一种非致使义，受事充当主语时也不蕴含被动关系。因此，这类动结式大多不能进入"被"字句。指动式动结式是补语对动作行为的补充说

明，但本质上是对动作行为发生时相关的事件值和时间值进行评价，而动作的受事可以提升成为整个动结式的话题，构成非被动态受事主语句。

E. 话题句

补语语义指向动词的动结式，主要分布在受事话题句中，记作 OSVR。我们所说的受事话题句与受事主语句都由受事充当话题主语，两者的区别在于：受事主语句中的主体论元不出现，受事话题句中的主体论元，尤其是动作的施事充当小句主语，与述结式构成主谓结构，构成的受事话题句也叫做主谓谓语句。如：

<blockquote>
房子叔叔盖好了　　山洞工人凿穿了　　裤子小裁缝裁坏了

作业小明写完了　　目标警察瞄准了　　曹操他演砸了

U 盘他清空了　　　不倒翁他扶稳了　　饭我们吃早了

车他开快了　　　　运动他做少了　　　北京她住久了
</blockquote>

5.3.2　指动式动结式的句式分布规律

指动式动结式的句式分布受制于述语动词的配价：述语动词为及物动词时，兼指和虚化结果补语几乎都能够进入这里所涉及的六大句式；述语动词为不及物动词时，除基础句式和话题句外，其他变换句式都不能进入。此外，单指动作的动结式不管述语动词及物与否都不能进入"被"字句（见表 5-10）。

表 5-10　指动式动结式的句式分布

动结式类型	补语谓词特征	语义指向对象	动结式语义类型	动结式的内部构成	动结式典型例子	基础句（主谓句）	"把"字句	重动句	非主体论元主语句	话题句	"被"字句
指动式动结式	未虚化	单指动作	主观评价	V_t+A V_i+A	吃早了 坐久了	SVRO SVR	+ —	+ 少	+ +	+ +	— —
		兼指动作和事物	致使	V_t+A V_i+A	抓紧 站稳	SVRO SVR	+ —	+ —	+ +	+ +	+ —
	虚化	单指动作	类时体义	$V_t+V\backslash$好 $V_i+V\backslash$好	找到 跑完\坐好	SVRO SVRO SVR	+ +	+ ±	+ +	+ +	+ +

139

5.3.3 指动式动结式在真实语料中的句式分布

《汉语动词-结果补语搭配词典》中补语单指动作的动结式有 181 例，兼指动作和主体论元或客体论元的动结式有 474 例，虚化的结果补语有 887 例，指向关系、距离的有 28 例，共计 1570 例，占我们考察的真实语料的 43.5%。

从整体上看，指动式动结式主要分布在基础句中，其次是非施事主语句和"把"字句中（见表 5-11）。这与指物式动结式的分布趋势大致相同。这些分布特征与理论推测相符。

表 5-11　指动式动结式在真实语料中的句式分布

句式	基础句	"把"字句	"被"字句	重动句	非施事主语句	话题句	其他
单指	67	11	0	15	43	19	26
兼指	157	98	10	11	110	50	66
虚化	377	198	44	11	158	34	65
共计	601	307	54	37	311	103	157
百分比	38.3	19.6	3.4	2.4	19.8	6.6	10.0

虽然理论上指动式动结式能够出现在重动句中，但在真实语料中，指动式动结式出现在重动句的频次较低，仅 2.4% 的例句为重动句；理论上，虚化结果补语和兼指动结式能够出现在"被"字句中，单指的动结式不能，我们统计的语料与这种推论相符："被"字句中单指动作的动结式数量为 0；指动式动结式所处的"被"字句大多数由"让"充当被动标记词，少量例句由"被"或"给"充当。如：

（62）班上的同学都让他欺负遍了，同学们忍无可忍，想去找校长告状。（《汉语动词-结果补语搭配词典》）

（63）他被人刺中了要害，当时就死了。（《汉语动词-结果补语搭配词典》）

（64）这几张卡片都让你排错了。（《汉语动词-结果补语搭配词典》）

（65）这出戏让她唱砸了！（《汉语动词–结果补语搭配词典》）

（66）这么好的一块板让你给锯偏了，多可惜呀！（《汉语动词–结果补语搭配词典》）

（67）这么好的一块木板让你给锯斜了。（《汉语动词–结果补语搭配词典》）

（68）吃剩下的菜都让我给倒掉了。（《汉语动词–结果补语搭配词典》）

（69）那个扒手刚一作案就被人逮住了。（《汉语动词–结果补语搭配词典》）

指动式结果补语的原型性较指物式差，其内部也是不同质的。但在真实语料中，虚化类结果补语构成的动结式使用频率非常高，导致指动式动结式几乎占据全部语料的半壁江山。而单指动作行为本身和兼指动作与事物的指动式动结式只有655例，占全部语料的15%左右。由此可见，指动式动结式在整个动结式中具有非典型性。由于结果补语虚化程度不一，很多处于虚化过程的结果补语，如"掉、破、死、住、到"等，其内部语义分化很难简单地从外在的句法结构中判断，标记度很低，我们很难直接判断语义是否虚化，补语语义指向是否只指述语动词。

我们将这两类动结式（包含补语指向关系、距离的28例动结式）在真实语料库中的分布进一步统计，如表5-12所示。

表5-12 单指与兼指类指动式动结式在真实语料中的句式分布

句式	基础句	"把"字句	"被"字句	重动句	非施事主语句	话题句	其他
单指	67	11	0	15	43	19	26
兼指	157	98	10	11	110	50	66
共计	224	109	10	26	153	69	92
百分比	32.8	16.0	1.5	3.8	22.4	10.1	13.5

从统计结果发现，单指与兼指这两类典型性指动式动结式的句式分布规律为：基础句>非施事主语句>"把"字句>其他>话题句>重动句>"被"字句，不等式左边的句式数量多于右边的。此类动结式很少出现在重动句

和"被"字句中。既然指动式动结式有出现在话题句、重动句和"被"字句的理论可能，那么在真实文本语料库中为什么出现了使用频率的巨大偏差呢？我们在下文详细论述。

5.3.4　指动式动结式句式分布规律的认知解释

指动式动结式主要分布在基础句和非施事主语句中，这一规律与指物式动结式的句式分布频率相同，也符合整个动结式在真实文本语料库中的高频分布规律。我们认为这是动结式在语言经济性原则指导下的选择。基础句 SVR 和非施事主语句 OVR，是简化语义内容、便于听者识别说话者信息焦点内容的最为简洁的表达方式。除此之外，指动式动结式的句式分布还存在一些特殊现象，即指动式动结式很少出现在"被"字句中。

与补语语义指向主体论元的动结式相似，指动式动结式也很少分布在"被"字句中。可与兼指类指动式动结式不同的是，单指类动结式也很少出现在"把"字句中。我们随机抽取了《汉语动词-结果补语搭配词典》中两个使用频率较高的单指类补语"早、快"的句式分布，发现 31 个例句中没有"被"字句，只有 1 个"把"字句。兼指类动结式出现在"把"字句和"被"字句中的频率稍高一点。我们认为这仍然是由"被"字句的语义焦点与指动式结果补语语义焦点不一致造成的。"被"字句是有标记的被动句，强调对谓语动词客体论元的处置结果、状态等，语义焦点为谓语动词的客体论元。而指动式动结式的单指类的语义焦点为述语动词，且只有这种可能。因此，这个矛盾导致指动式尤其是单指类指动式很少出现在"被"字句中。

5.4　小结

结果补语语义指向对象与述语动词的关系决定着动结式的句式分布。我们分别以结果补语关联对象的不同为线索，从理论上细致探讨了不同指向的动结式的句式分布规律，分析了"把"字句、重动句、话题句等句式的生成动因及其与结果补语语义指向之间的关系，厘清了不同指向的动结式的句式分布事实与规律，运用认知语言学"距离相似性"及"焦点-背景"理论的凸显原则解释了不同指向的动结式能够进入哪种句式，不能进入哪种句式的原因，并通过统计《汉语动词-结果补语搭配词典》中真实语料中不同指向的动结式的句式分布，以验证本部分的理论分析。

结果发现动结式的句式分布除受结果补语语义指向对象的影响外，还受动结式的语义类型、动结式内部构成（述语动词和补语谓词的配价）的影响，只不过各个要素的影响层面不同。而动结式本身的句式分布是判断结果补语语义指向方向的主要依据。

所有的指物式致使义动结式都能进入"把"字句，"把"字句是判断指物式结果补语语义指向对象的试金石。指物式结果补语语义指向谁，谁就可以转移到"把"后充当宾语，构成"把"字句，但指向主体论元的二价补语动结式（听懂、吃腻等）、指动式动结式除外。此外，所有的自变义动结式都不能进入"把"字句，这与"把"字句的处置义要求不无关系。

重动句是动结式句法分布的另一典型句式。动结式能否进入重动句受动结式的语用义、原因事件和结果事件语义距离及述语动词的配价制约。评价义动结式进入重动句的自由度最高，致使义动结式次之，自变义动结式不能进入重动句。致使义动结式进入重动句受一定条件的限制，其限制条件为：原因事件和结果事件之间的语义距离。两者之间的语义距离越远，动结式进入重动句的自由度越高。语义距离的判定因素为结果补语谓词的论元是否与述语动词的客体论元同指。补语语义指向外围论元的致使义动结式因补语谓词的所有论元和述语动词的客体论元无任何同指关系而能自由进入各种类型的重动句；补语语义指向主体论元的动结式的自由度次之；补语语义指向客体论元的致使义动结式不能进入重动句。此外，述语动词为一价动词时，因述语动词没有能够支配的客体论元而无法进入重动句格式。

补语语义指向述语动词主体论元的动结式具有较强的个性。指向主体论元的原型动结式不能出现在"被"字句和"话题句"中。这是因为"被"字句和"话题句"都是在凸显原则的作用下，为了强调结果补语语义指向对象这一语义焦点而产生的标记句。补语语义指向述语动词主体论元时，述语动词和补语谓词的主体同指，主体论元配置为句子的主语，已经是全句的认知参照点，无法再通过"话题句"的形式使语义焦点以移位的方式置于句首充当话题主语。而"被"字句的语义焦点是述语动词的非主体论元，此类动结式更无进入"被"字句的语义基础。

指动式动结式的句式分布规律则比较单一、齐整。"话题句"和"被"

字句的分布呈互补状态；指动式结果补语的句式分布受述语动词配价的影响：及物动结式和非及物动结式在"把"字句、重动句和非主体论元主语句的分布呈互补状态；虚化结果补语构成的动结式的句式分布表现出明显的个体差异，述语动词为一价动词的动结式大多数只能出现在基础句式SVR中。

6　基于表层句法结构的结果补语语义指向

作为一种分析方法，语义指向的研究可以从被考察对象的指向对象（语义指向对象）、所指方向（指向）、所指范围（指域）、所指数量（指量）等多个维度进行考察分析。第 4、5 章我们主要从结果补语语义指向对象的角度考察了结果补语语义指向对象的论元结构特征、句式分布，并从认知的角度解释了动结式句式分布规律。本部分我们将以结构主义思想为指导，探讨结果补语在指向、指域和指量上表现出的规律，从认知语言学的角度寻求规律背后的原因解释。

6.1　结果补语语义指向方向

结果补语语义指向方向指以某一语法成分为参照点，其直接语义关联成分在线性句法结构中所处位置与该语法成分的相对方向。赵世举（2001：39）曾以定语的语义指向为切入点，指出"指向"是"定语的语义所指的方向"。邵敬敏早在 1987 年以副词为研究的切入点，指出"副词语义联系所指的方向"为"指"。直接语义关联成分在线性序列上位于某一语法成分的左边，为"语义前指"（形式语义学称之为"左向关联"）；位于该语法成分的右边，为"语义后指"（形式语义学称之为"右向关联"）。比如：

（1）鞭炮声吵<u>醒</u>了妹妹。
（2）妹妹被鞭炮声吵<u>醒</u>了。

例（1）这一句法结构中，补语"醒"的直接语义关联成分"妹妹"在句法结构的线性序列上位于"醒"的右边，那么，补语"醒"语义后指"妹妹"。而在例（2）中，补语"醒"的直接语义关联成分仍然为"妹妹", 此时位于"醒"的左边, 那么, 补语"醒"的语义前指"妹妹"。

结果补语语义指向方向是从动结式表层句法结构上分析两个直接语义成分之间的相对位置。结果补语语义所指成分虽然在句法配置上有倾向性特征, 但每个论元都可以分配到不同的句法位置上, 动结式在几个汉语常用句式中都有分布, 这使得结果补语语义指向方向具有很强的灵活性。我们仅从语言现象入手, 找出结果补语语义指向的倾向性规律并给出相应的理论解释。

指动式结果补语语义所指方向单一, 都是前指述语动词; 语义上存在多个指向的动结式主要是指物式动结式。按照排列组合方式, 结果补语语义多指的情况包括: 可能同时指向不同的人, 同时指向不同的事物, 同时指向人和事物, 同时指向动作和事物, 同时指向人、动作和事物等五种情况。后两种情况存在于指动式动结式中, 数量少, 我们暂且不讨论。

由于研究目的和研究方法的不同, 现有研究一般不区分结果补语语义指向对象和指向方向, 主要从表层句法结构和深层语义中寻找语义指向的制约因素, 导致各制约因素杂糅, 无主次之分, 尚未找到结果补语语义指向对象识别与判断的有效方法。而关于动结式的句式分布与补语语义指向的关系研究, 主要集中在三种特殊句式中:"把"字句(任玉华, 2000; 张言军, 2009)、"得"字补语句(张豫峰, 2002; 司玉英, 2004)、重动句(李咸菊, 2004; 刘雪芹, 2011)。

在大数据背景下, 我们不再以某一特殊句式为研究对象, 而以计算机识别自然语言中结果补语的语义指向方向为研究目的, 将语义指向方向与指向对象、数量、范围区别开来, 运用语料库统计法分析真实文本中位于表层句法结构中的结果补语语义指向方向的一般规律, 对该规律进行深度描写, 找出例外现象, 并从认知的角度解释其规律性。

6.1.1 自然语序中结果补语语义指向规律

自然语言包含自然语序和特异语序两种。"自然语序立足于概念, 特异语序则负载着说话人的兴趣, 心绪, 焦点, 等等。"(戴浩一等, 1988: 18)自然语序按照事件发生的时间顺序组句, 汉语句式以自然语序为主。现代汉语句法系统中, 动结式作为谓语核心能够进入的句式群包括主谓[宾]句、"把"字句、"被"字句、重动句、受事主语句、施事主语句、受事话题句、施事话题句等（施春宏，2015）。主谓［宾］句为基础句，属自然语序。其他句式都承载着说话人的语用信息，属特异语序。汉语动结式主要分布在主谓［宾］基础句、非施事主语句、"把"字句三种句式中。

6.1.1.1 自然语序中结果补语语义指向的语料库统计表现

理论上，在不区分语序的情况下，指物式结果补语既可以逆向前指主语、"把"的宾语，也可以顺向后指宾语，还可以间隔某些句法成分前指。如：

（3）丹凤公主看呆了，忍不住道："这个老头子莫非有毛病？不吃酒，反倒吃酒杯。"（古龙《陆小凤传奇》）

（4）女人和孩子，就把口袋里的糖果往他们身上扔。这样大手大脚把我都看呆了，心想扔掉的都是钱呵。（余华《活着》）

（5）她看着那些山，简直看呆了。当她停住不动时，彭姨也停住了。（残雪《残雪自选集》）

（6）丁作明爱人祝多芳在一次外出拉化肥时摔断了右臂，基本上不能再干重活。（《中国农民调查》）

上例（3）~（5）中的动结式"看呆"分别前指主语"丹凤公主"、"把"的宾语"我"、前向间隔"看着那些山"及状语"简直"而指向句子的主语"她"。例（6）中的结果补语"断"则后指"右臂"。

事实上，在真实文本语料中，动结式所处的句式大多是短句，结果补语语义指向对象作为全句的语义焦点，常常充当话题主语，且不带宾语的句式占大多数。通过对《汉语动词-结果补语搭配词典》的不完全统计，结果补语语义前指（不包含"把"字句中的前指）的例句2333例以上，占64.6%以上，指物式结果补语语义前指占绝对优势。

6.1.1.2 自然语序中"语义后指倾向"规律

但与语料库统计数据相反的是，很多学者认为，结果补语语义指向存在"语义后指倾向"（张国宪，1988；朱立奇，2006；李晓东，2008；等等）。何以有此观点？通过分析，我们对现有的这一论点作出补充说明：这种后指倾向并非数量上的绝对优势,而是当结果补语语义指向方向存在竞争时,优先指向其后离其最近的名词性成分。也就是说,在及物性动结式中,结果补语语义指向存在前指、后指多种可能时,结果补语优先后指。这种后指倾向主要表现在以下三方面。

第一,当及物性动结式的主体论元和非主体论元在句中同现,构成 SVRO 的句法格式时。

(7) 再到附近演戏,她父亲便捆了她手脚,将她锁在仓房,她磨断绳子,撬断窗棂,又光着脚板跑出十几里去看他演戏。(邵燕祥《作家文摘——这个遭遇该不该拍成电影》1996)

(8) 传统习惯的巨大惰性,磨钝了宝剑的锋刃,也磨钝了人们的神经。(《市场报》1994)

(9) 母亲为他哭瞎了双眼。(靳贤锋等《作家文摘——女中校与病残老兵的爱情》1995)

(10) 祸不单行,妻子因操劳过度病倒住院,大儿子不慎摔断了鼻梁骨。(《人民日报》1996-10-21)

(11) 我们跑丢了一个孩子,一个刚混事由的。(曹禺《日出》)

上例中,所有动结式的结果补语都向后指向名词性成分:"磨断"中"断"后指"绳子","撬断"后指"窗棂","磨钝"中"钝"后指"宝剑的锋刃""人们的神经",这些为述语动词的客体论元;"哭瞎"中的"瞎"后指"双眼","摔断"中"断"后指"鼻梁骨",两者为述语动词的外围论元;"跑丢"的"丢"指向"孩子",为动词"跑"的主体论元。不管结果补语语义指向哪一种论元角色,当动结式后紧接着出现了一个名词性成分时,结果补语优先后指。

第二,当动结式的配价数存在歧义、补语语义指向有多种可能时。

有些动结式的配价数存在歧义,既有自动用法,又有使动用法,如"气死、哭醒、吵烦、唱红、饿死、惊醒、追累、骑累、累病、吃死、打伤"等指向结果补语主体论元的动结式。当此类动结式表示自动用法时,是不及物的,结果补语语义前指主体论元;当动结式表示使动用法时,是及物的,结果补语优先后指,表现出明显的后指倾向。如下例:

（12）a. 宝宝哭醒了。⇨宝宝哭，宝宝醒。

b. 宝宝哭醒了妈妈。⇨宝宝哭，妈妈醒。

（13）a. 他俩吵烦了。⇨他俩吵，他俩烦。

b. 他俩吵烦了邻居。⇨他俩吵，邻居烦。

（14）a. 他唱红了。⇨他唱，他红。

b. 他唱红了那首歌。⇨他唱那首歌，那首歌红了。

（15）a. 诸葛亮气死了。⇨诸葛亮气，诸葛亮死。

b. 诸葛亮气死了周瑜。⇨诸葛亮气周瑜，周瑜死。

（16）a. 穷人饿死了。⇨穷人饿，穷人死。

b. 穷人饿死了孩子。⇨穷人饿孩子，孩子死。

（17）a. 孩子惊醒了。⇨孩子惊，孩子醒。

b. 枪声惊醒了孩子。⇨枪声使孩子惊，孩子醒。

（18）a. 很多人吃死了。⇨很多人吃，很多人死。

b. 毒奶粉吃死了很多人。⇨很多人吃毒奶粉，毒奶粉使很多

人死。

（19）a. 张三追累了。⇨张三追，张三累。

b. 张三追累了李四。⇨张三追，李四累。⇨张三追，张

三累。

（20）a. 他骑累了。⇨他骑，他累。

149

  b. 他骑累了马。⇨他骑马，马累。⇨他骑马，他累。

（21）a. 他打败了。⇨他打，他败。

  b. 他打败了六个人。⇨他打六个人，六个人败。

  这类动结式的补语谓词都是有生动词或有生形容词，数量极少，主要有"死、醒、烦、累、病、倒、腻、伤、晕、败"等感受类动词，这些词主要是兼有"自动-使动"双向心理活动或状态的动词（任鹰，2001）。施春宏（2008）认为，这种现象是因为"述语动词具有役格和作格两种用法"。役格和作格的对立即为使动和自动的对立。我们的观点刚好与之相反，我们认为补语动词兼有使动和自动用法是造成动结式歧价的根本原因，与述语动词的句法语义性质无关。比如，"咬伤"中的"咬"只有使动用法，但在"狗咬伤了"和"狗咬伤了猎人"中"伤"的语义指向规律与上文所举例子相同：动结式后无名词性成分时，补语向前指向"狗"；有名词性成分时，后指"猎人"。

  第三，当及物性动结式的宾语由数量短语构成，并与动词的客体论元构成部分与整体的关系时。

（22）他把腿摔青了一大块。（《汉语动词-结果补语搭配词典》）

（23）他把字写落了一个。（《汉语动词-结果补语搭配词典》）

（24）那课课文他看落了一段，当然意思接不上了。（《汉语动词-结果补语搭配词典》）

  也就是说，当 SVRO 句型与"把"字句重合时，构成 S 把 $O_1 VRO_2$ 句式时，结果补语优先后指句子中离 R 最近的名词性成分 O_2，而不会前指"把"的宾语 O_1。这里的 O_1 和 O_2 之间存在着明显的整体与部分的关系。不过，从某种程度上看，也可以认为补语同时指向 O_1 和 O_2。

6.1.1.3 "优先后指"规律的例外现象

  第一，由二价动词充当结果补语。

　　能够充当结果补语的二价动词不多，主要是"懂、会、清楚、明白、忘、怕、烦、惯、习惯、输、赢、赔、赚"等少数。二价动词充当的结果补语是本条规律的例外，不管动结式后是否有名词性成分出现，其补语都指向作主语的主体论元，而且其主体论元在表层句法结构中只以主语的形式出现，从不出现在动结式宾语的位置上。如：

　　（25）在以两分领先时，我们本应踢赢这场球。（《人民日报》1998-06-22）

　　（26）它让我既尝尽了苦头，也让我学会了生存的能力。（《中国北漂艺人生存实录》）

　　（27）琢磨了半天，他看清楚"妓"字的半边是"支"字，由"支"他想到了"织"。（老舍《四世同堂》）

　　（28）"一个合适的协议胜过打赢一千次官司。"（加西亚·马尔克斯《迷宫中的将军》）

　　（29）老头儿见惯乡下人的习猾，又不懂巴黎人的大算盘，看见事情这样快就定局，好生奇怪。（巴尔扎克《幻灭》）

　　上例"踢赢"中"踢"的主体是"我们"，处于主语的位置，尽管"踢赢"后有名词性成分"这场球"，结果补语"赢"语义仍然前指主语"我们"；同理，"学会""看清楚""打赢""见惯"虽然也是及物的动结式，其后也出现了名词性成分，但补语仍然前指动结式的主体论元。

　　但这类动结式如果以主体论元的定语或以独立小句的形式存在，下文中紧接着出现了动作的主体论元为主语的小句时，那么结果补语会后指。如：

　　（30）李云经点头："听懂了，我决不经商就是了。"（窦应泰《李嘉诚家族传》）

　　（31）现在，这个刚刚学会叫爸爸的小女孩，已经习惯了她的父亲只会在半夜回家逗她玩上一阵。（《对话——创业者对话创业者》）

第二，由"满"充当结果补语的存现句。

动词"满"充当结果补语，由于其语义特征的特殊性，语义指向也比较复杂。当其充当结果补语时，其语义包含两种：全部充实，达到容量的极点；达到一定期限。由"满"充当结果补语的句子，一部分满足"优先后指"规律，一部分不满足。如下例所示。

（32）行李架上搁满了大大小小的行李。（《汉语动词–结果补配词典》）

（33）果树上洒满了农药。（《汉语动词–结果补语搭配词典》）

（34）她的眼睛里含满了泪水。（《汉语动词–结果补语搭配词典》）

（35）他儿子得在监狱里蹲满二十年才能放出来。（《汉语动词–结果补语搭配词典》）

（36）我弟弟还没念满四年，就因病休学了。（《汉语动词–结果补语搭配词典》）

（37）我们每天必须干满八小时才能收工。（《汉语动词–结果补语搭配词典》）

（38）所以当天从大伯父家吃晚饭回来，他醉眼迷离，翻了三五本历史教科书，凑满一千多字的讲稿，插穿了两个笑话。（钱锺书《围城》）

（39）还没有走满三十步，从我丢下爱德梅的地方传来一声枪响。（乔治·桑《莫普拉》）

例（32）~（34）中动结式"V 满"构成存现句，结果补语"满"指容量上达到了极点，语义指向表示容器或处所的词。而处所词在存现句中一般位于句子前段，尽管其后有名词性成分出现，结果补语语义仍向前指向充当主语的处所名词"行李架上、果树上、眼睛里"。例（35）~（39）中动结式"V 满"构成的句子并非存现句，这类句式中的结果补语"满"的语义指向符合"优先后指"的规律，这里的"满"优先后指其后事物的数量或时限。

有意思的是，动结式"V 满"构成的存现句可以较为自由地变换成"存在者+V 满+处所词"的格式。如：

（40）一阵醋意溢满他的心头，他大步向她走近。（淡霞《深情相

约》）

（41）音符蹦了出来，<u>占满</u>了新文化中心的整个大厅。（贝尔纳·韦尔贝尔《蚂蚁革命》）

（42）她感觉鲜血仿佛流了出来，<u>溅满</u>了雪白的床单，十三岁的自己凝视着那个人，还有黑夜里闪光的刀刃。（蔡骏《地狱的第19层》）

（43）一连几天涂抹，转眼<u>写满</u>了又一个本子。（张炜《散文与文论》）

（44）满园粉红、艳黄的花儿挂<u>满</u>树梢，香味浓郁。（楼采凝《温柔暴君》）

上述例句中"V满"构成的表示存在的句式并非存在句，而是"存在者+V满+处所词"的格式。在这种句法环境中，虽然"满"的语义指向对象仍然为表示处所或容器的"他的心头""新文化中心的整个大厅""雪白的床单""又一个本子""树梢"，但是这些词的句法位置发生了变换。因此，"满"的语义指向对象由前指处所名词，变成了后指，符合"语义后指"规律。

由于"V满"结构的特殊性，其既可以出现在存现句中，也可以出现在非存现句中。非存现句中"满"的语义指向符合"语义后指"的一般规律，而存现句为例外。从我们统计的《汉语动词-结果补语搭配词典》中的语料来看，"满"表示"达到容量极点"这一语义时，基本分布在存现句中，所占比例较高；其出现在非存现句中的概率则相对较小。当"V满"表达"达到一定数量或时限"这一语义时，主要分布在SVRO句式中，符合"语义后指"倾向规律。

此外，为什么"V满"所分布的存现句可以与同义的非存现句自由互换是一个值得深入研究的问题。

6.1.2　特异语序中结果补语语义指向规律

特异语序是受凸显原则影响的超常语序，受制于说话人的主观态度，在语义表达、风格色彩、感情态度、修辞效果诸方面都与自然语序有着细微而重要的差别（吴为章，1995）。《汉语动词-结果补语搭配词典》中收录的动结式所处的特异语序句式主要是"把"字句和非施事主语句。

6.1.2.1 "把"字句中结果补语语义指向规律

第一，优先前指"把"的宾语。

动结式出现频次最高的标记句是"把"字句，除了典型指动式动结式、表自主变化的动结式外，几乎所有指向的动结式都能出现在"把"字句中。请看下例：

（45）身边安排一人将他的方言翻译成普通话，把周围的人<u>看呆</u>了。（《人民日报》1996-02-03）

（46）文秀泪水如珍珠断线般流了下来，伏在计老人的怀里，把他的衣襟全<u>哭湿</u>了。（金庸《白马啸西风》）

（47）他只看见她的脚背就已经在流泪了，要是看见脚底，还不把眼睛<u>哭瞎</u>了？（艾米《山楂树之恋》）

（48）东家要真想汇通天下，就不要让长栓去，长栓去了，非把事情<u>办砸</u>不可！他就不是个能办成大事的人！（电影《乔家大院》）

（49）你怎么把鸡蛋都<u>煎煳</u>了？

（50）场子上，唢呐笙管，把人们的心都<u>吹乱</u>了。（马峰《吕梁英雄传》）

上例中动结式的补语语义都向前指向"把"的宾语，"把"的宾语可以是述语动词的主体论元、客体论元，也可以是外围论元。如"周围的人"是"看"的主体论元，"衣襟""眼睛"是"哭"的外围论元，"事情、鸡蛋、心"分别是动词"办、煎、吹"的客体论元。

同样，我们对《汉语动词-结果补语搭配词典》收录的"把"字句的语义指向进行了统计分析，发现："把"字句共850例，语义前指"把"的宾语的有649例，占76.4%，但仍有一部分"把"字句结果补语的语义指向不符合这一规律。

第二，"把"字句指向规律的例外现象。

但是，补语的语义优先向前指向"把"的宾语只是一个倾向性规律，也不具备普遍性。这类不遵循"优先前指'把'的宾语"规律的动结式主要有以下四类。

A. 补语由少量具有积极意义的二价有生动词，如"懂、腻、会、清楚、明白、赢、胜、输"等充当。如下例所示。

（51）玄奘来到那烂陀寺，跟着戒贤法师，学了五年，把那里的经全部学会了。（《中华上下五千年》）

（52）他希望把一切都看清楚。（大仲马《基督山伯爵》）

（53）他一点一点地阅读，逐字逐句地思考，终于把那本深奥的哲学书抠懂了。（《汉语动词-结果补语搭配词典》）

（54）在这个可怕的牌局里，自由、无政府主义、专制主义三个大玩家轮流做庄，想方设法作弊，尽力把大家都是输家的牌局打赢。（夏多布里昂《墓畔回忆录》）

（55）而且不费什么力，就把官司打赢了。（《人民日报》1966-05-16）

例（51）~（55）中，即使在"把"字句中，补语"会""清楚""懂""赢"在语义上都不与"把"的宾语"那里的经""一切""那本深奥的哲学书""大家都是输家的牌局""官司"关联，而是与动结式谓语动词的主体论元"玄奘""他""大玩家"等关联。

由于此类动结式主要由"二价动词+二价补语"构成，与这一结构关联的论元一共有四个。受结果补语语义特征的限制，二价补语动词具有明显的人性值，常与述语动词和补语谓词的主体论元直接关联。在真实文本语料中，此时的主体论元很少与其他论元在句中同现。但不可否认的是，它们有在句中同现的理论潜能。在述语动词和补语谓词主体论元、客体论元都同指的情况下，整个动结式语义指向便简化了。所以，不管"二价动词+二价补语"构成的动结式中的客体论元是否在句中出现，结果补语的语义指向对象只有一种可能——主体论元，同时主体论元具有较强的生命度，会优先配置为句子的主语。而这类动结式一旦出现在"把"字句中，则是为了凸显 V 和 R 的客体论元，因为"把"字句处置的对象一般为述语动词的客体论元。这样，不管这类动结式所处句式为何，补语总是前指主名词。试比较：

（56）亚历山大后来打赢了对波斯人的最后一场决定性的战役。（乔斯坦·贾德《苏菲的世界》）

（57）赵守义官司打赢了么？（茅盾《霜叶红似二月花》）

（58）怀孕的少女慷慨激昂的辩诉，把官司打赢了。（巴尔扎克《幻灭》）

（59）现在，这场赌我们打赢了。（大仲马《三个火枪手》）

（60）大家是吵得这样凶，又不是打仗打赢了争功！（沈从文《阿丽思中国游记》）

不管是在基础句［例（56）］，还是在话题句［例（57）］、"把"字句［例（58）］、非施事主语句［例（59）］、重动句［例（60）］中，二价结果补语"赢"都只指向生命度强的主体论元。这时，结果补语"优先后指""优先指向'把'的宾语"的规律都失效了。这类动结式具有很明显的特殊性。与"赢"语义相反的"输"也属此类情况。如：

（61）他们打输了这场战争，失去了房屋和家园。（赫塔·米勒《镜中恶魔》）

（62）我说："我父亲就打过，可是他打输了！"（冰心《冰心全集》第七卷）

（63）修福老汉道："我看可以上告他！就是到县里把官司打输了，也要比这样子了场合算。"（赵树理《李家庄的变迁》）

不管结果补语"输"位于 SVR 句、SVRO 句还是"把"字句，其补语语义都指向述语动词的主体论元。令我们困惑的是，与"输"同义的结果补语"败"却不属于这种情况。既然"把"字句表达对谓语动词客体论元的处置结果，为什么会有"把施句"的存在？既然上例满足"把"字句是对谓语动词客体论元的处置，为什么补语的语义指向又不与"把"的宾语关联？我们只能描写出这类动结式的特殊性，却无法对其深入解释。

但是并非所有的二价有生结果补语都不符合"优先前指'把'的宾语"这一规律的。当补语由消极意义的二价有生动词，如"输、败、赔、腻、烦"充当时，其补语的语义指向便符合"优先前指'把'的宾语"这一规律。如下例所示。

（64）德·曼的《阅读的寓言》说来说去总是回到"文本是无法阅读的"，结果把读者<u>说烦</u>了，看不到学习这种理论的必要。（陶洁《读书》）

（65）我们公司过去搞一大堆报表，要这个数，要那个数，实在繁琐累赘，把商店的同志都<u>搞腻烦</u>了。（《人民日报》1964-12-05）

（66）最后，勒冉巴尔把大家都<u>惹烦</u>了。（福楼拜《情感教育》）

（67）有一天陈彦增和我，同他在学校前面打弹子，他把我们<u>打败</u>。（李敖《快意恩仇录》）

例（64）～（67）中补语"烦""腻烦""败"仍然指向"把"的宾语，同时这些词也符合"优先后指"这一普遍规律。

B. 由虚化谓词充当补语的动结式，如"到、掉、完、成、好、住、透"等。如下例所示。

（68）只有详细地大量地占有材料，把情况<u>吃透</u>，把历史和现实结合起来，文章才能写得有深度，有立体感，生动活泼……（《人民日报》1993-10-24）

（69）可是，还没等她把话<u>说完</u>，伯爵猛然把她直挺挺地摔倒在地上。（左拉《娜娜》）

（70）等一会儿，我把事情<u>办完</u>，就去接待客人。（左拉《娜娜》）

（71）娘娘恶恶地说，随着又添一句："把小船在那秘密的小旁门<u>准备好</u>，你知道其余的事该如何去办。"（拜伦《唐璜》）

（72）她便把他的脖子<u>搂住</u>，笑着抚摸他。（左拉《娜娜》）

由于结果补语虚化后，词汇义脱落，表示类似于时体义的语法意义，整个动结式不管处于什么样的句式中，结果补语语义都向前指向述语动词。上例中的结果补语都表示谓语动词的完成。但是由于这些虚化结果补语都处于半虚化的状态中，很多语境中还保留有原来的词汇意义，这时结果补

语语义仍会指向"把"的宾语,这也会给计算机语义指向识别带来困难。如:

(73) 她掸桌子的时候,不小心把茶杯<u>掸掉</u>了。(《汉语动词-结果补语搭配词典》)

(74) 孩子们把墙头的砖都给<u>蹬掉</u>了。(《汉语动词-结果补语搭配词典》)

(75) 我有办法把盯梢的人<u>摆脱掉</u>。(《汉语动词-结果补语搭配词典》)

(76) 他<u>甩掉</u>了所有的对手,远远地跑在前头。(《汉语动词-结果补语搭配词典》)

例(73)(74)中的"掉"还保留了"落"的词汇义,而(75)(76)例中的"掉"已经虚化,用在"摆脱""甩"后只表结果。

C. 由事件值形容词充当结果补语的动结式,如"紧、准、稳、匀、错"等词。具体见下例。

(77) 张清海首先把目光<u>瞄准</u>了果品加工。(《人民日报》1999-06-17)

⇨a. 张清海瞄果品加工,张清海准。
⇨b. 张清海瞄果品加工,目光准。
⇨c. 张清海瞄果品加工,瞄得准。

(78) 我把他的名字<u>记错</u>了。(《汉语动词-结果补语搭配词典》)

⇨ a. 我记他的名字,我错了。
⇨ b. 我记他的名字,他的名字错了。
⇨ c. 我记他的名字,记错了。

(79) 他把自行车<u>放错</u>地方了,结果被罚了款。(《汉语动词-结果补语搭配词典》)

⇨ a. 他放自行车,他错了。
⇨ b. 他放自行车,地方错了。
⇨ c. *他放自行车,自行车错了。

（80）酒——他自己常说，这是他改不了的缺点，一摸胡子，到马棚里把马<u>拴紧</u>，狠狠地教训了它一顿。（冯德英《苦菜花》）

⇨ a. *他拴马，他紧。

⇨ b. *他拴马，马紧。

⇨ c. 他拴马，拴得紧。

（81）要想把这些苹果<u>分</u>均匀了，最好用秤约一约。（《汉语动词-结果补语搭配词典》）

⇨ a. *分苹果，苹果均匀。

⇨ b. 分苹果，分得均匀。

上例中的结果补语都由事件值形容词充当，但是结果补语语义指向存在着兼指现象，如例（77）（78），结果补语"准、错"在与"把"字宾语"目光""他的名字"关联的同时，还与动作的发出者及动作行为本身关联。而例（79）的结果补语"错"只与动作的主体论元和外围论元关联，与客体论元——"把"的宾语不关联；例（80）(81)的结果补语"紧"和"均匀"是表示情态和方式的形容词，与动作行为本身联系得更为直接、紧密，而不与动作的客体论元，也就是"把"的宾语关联。

D. 少量由动结式"V 满"构成的"把"句。大多数"V 满"构成的"把"字句符合"指向'把'的宾语"这一规律。如下例所示。

（82）我重新给她把杯子<u>斟满</u>。（毛姆《刀锋》）

（83）我的心跳得又慌又乱，在水泵上把水壶<u>灌满</u>。（刘易斯·卡罗尔《爱丽丝镜中漫游记》）

（84）你们只有肚子，只想多多益善地把空肚子<u>填满</u>。（罗曼·罗兰《约翰·克利斯朵夫》）

（85）巧英弄了半天还没把筐底子<u>铺满</u>。（路遥《人生》）

（86）他那抑扬顿挫的美妙而洪亮的声音把整所房子<u>填满</u>。（托马斯·曼《布登勃洛克的一家》）

以上例句中"把"的宾语都是表示容器或处所的词语，"满"指向"把"的宾语，符合一般规律，但"V 满"构成的"把"字句还有以下这种类型。

（87）一霎时，红日蓦然跃离云海，冉冉上升，把金光<u>洒满</u>大地，绝顶在金光中显得是那样的雄伟磅礴。（聂云岚《玉娇龙》）

（88）把这细颈玻璃瓶拿去，给我把酒<u>斟满</u>。（福克纳《喧哗与骚动》）

上例中"把"的宾语并非处所，而是述语动词的客体论元，这种语境下的"满"并不指向"把"的宾语，但我们掌握的这种例子较少。

6.1.2.2　非施事主语句优先前指主语名词

第一，优先前指主语名词。

在真实语料库中，不管补语语义指向哪种论元，动结式都以绝对优势的比例分布在 S 主体+VR+（O）或 O 客体+VR 格式中，前者属自然语序，后者为特异语序。通过对《汉语动词-结果补语搭配词典》收录的动结式所处第三大句式——非施事主语句的语义指向进行统计分析可知：非施事主语句共 863 例，排除 149 例语义虚化的结果补语例句后，其余均前指充当主语的非施事，占 82.7%。

此外，指动式结果补语数量有限，除去指动的可能性，结果补语语义主要指向句中的名词性成分。而补语的陈述对象，不管是动词 V 的主体论元、客体论元还是外围论元都是整个语义结构中不可或缺的成分，都可以放在动结式之前充当句子的话题主语。因此，当小句中其他名词性成分隐去时，结果补语语义前指话题主语是动结式谓语句的最显著的语义指向表现。例如：

（89）要定期更换剃毛器的刀片，因为刀片很快就会<u>变钝</u>。（《懒女孩的美丽指南》）

（90）考试前，他两夜没睡觉，眼睛都<u>熬红</u>了。（《汉语动词-结果补语搭配词典》）

（91）天安门广场更是灯火通明，平时不打开的华灯也都全部<u>点亮</u>了……（芭芭拉《出使中国的日子》）

上例中动结式所处的小句都是 N+VR 的格式，名词性成分是结果补语语义指向的首选。因此，当动结式的所在小句只有一个名词性成分，该成分充当动结式的主语时，结果补语语义优先指向离它最近的名词。

第二，例外现象——话题句中结果补语语义指向的倾向性规律。

上述语义指向规律也仅限于只有一个名词充当主语的非施事主语句，一旦动结式进入存在大小主语的话题句后，"优先前指主语名词"的规律便会失效。《汉语动词-结果补语搭配词典》中的话题句共 190 例，其中符合"优先前指主语名词"的例句仅 7 例，绝大多数不符合前文所说的一般规律。如下例：

（92）这些句子我都看懂了，可是让我把它们通顺的翻译出来还不行。（《汉语动词-结果补语搭配词典》）

（93）甜食我都吃腻了，想吃点咸的。（《汉语动词-结果补语搭配词典》）

（94）他办那件事的用意我一直也没弄明白。（《汉语动词-结果补语搭配词典》）

（95）我昨天夜里被子盖多了，尽出汗了。（《汉语动词-结果补语搭配词典》）

（96）我这顶帽子戴脏了，该洗洗了。（《汉语动词-结果补语搭配词典》）

（97）昨天夜里被子盖厚了，身上直出汗。（《汉语动词-结果补语搭配词典》）

（98）这盆花水浇少了，土还没湿呢。（《汉语动词-结果补语搭配词典》）

（99）你这几个字怎么都写扁了？（《汉语动词-结果补语搭配词典》）

（100）我嗓子都快喊破了，他还没听见。（《汉语动词-结果补语搭配词典》）

例（92）～（94）是由人性值谓词充当的结果补语，语义与述语动词

V_1 的主体论元直接关联，但句子开头的话题主语由 V_1 客体论元充当；例（95）~（100）由物性值形容词充当结果补语，前四例结果补语语义与述语动词 V_1 的客体论元直接关联，但句子开头的话题主语由 V_1 的主体论元或外围论元充当；后两例结果补语语义指向述语动词 V_1 的外围论元，但句子开头的大主语是述语动词 V_1 的主体论元。

这种例外现象也给我们另外一个启示：在存在大小主语的话题句中，结果补语语义优先指向离其最近的名词性主语。

6.1.2.3 被动句和重动句中结果补语语义指向规律

第一，优先前指主语名词。

真实语料库显示，动结式在被动句和重动句的分布数量共计 422 例，总占比 10% 以上。两种句式中结果补语的语义指向呈现出较明显的倾向性规律——向前指向主语名词，而非离其最近的名词性成分。例如：

（101）敌人终于被我们打垮了。（《汉语动词-结果补语搭配词典》）

（102）图书馆里的几本画报很快被学生翻旧了。（《汉语动词-结果补语搭配词典》）

（103）孩子都被你骂皮了，你得改变一下教育方式。（《汉语动词-结果补语搭配词典》）

（104）那几个清洁工扫马路扫累了，就找了个树荫坐下来休息。（《汉语动词-结果补语搭配词典》）

（105）他熬夜熬惯了，常常是白天休息夜里工作。（《汉语动词-结果补语搭配词典》）

从上例中我们可以看出，被动句和重动句中的结果补语语义有指向多个名词的可能，在这种竞争环境中，结果补语语义一般指向充当小句的主语名词"敌人""图书馆里的几本画报""孩子""那几个清洁工""他"，而非离其最近的名词性成分。

第二，例外现象。

被动句和重动句中结果补语的语义指向规律比较齐整，只有少量重动句存在例外现象。

（106）这次搬家**搬丢**了好几件东西。（《汉语动词-结果补语搭配词典》）

（107）坛子掉在地上没摔碎，砸了半天才**砸裂**了一道缝。（《汉语动词-结果补语搭配词典》）

（108）我给你打了一上午电话也没**打通**。（《汉语动词-结果补语搭配词典》）

例（106）~（108）重动句中结果补语"丢""裂""通"并不指向主语名词，而是向后或向前指向离其最近的名词。

6.1.3　结果补语语义指向方向总体规律及相关解释

6.1.3.1　结果补语语义指向方向的总体规律

动结式的语义指向方向与动结式的句法实现形式密切相关，也就是说，结果补语语义的指向方向是由动结式的表层句法投射形式——句式决定的。由于同一动结式作谓语核心能够进入的句式相对广泛，所以，从句法表层判断的结果补语语义指向规律只表现出明显的倾向性特征，但每一种特征都有例外出现。为降低计算机识别难度，从表层结构上判断结果补语的语义指向是解读动结式的一种有效方法。我们可以根据上述分析转化为以下几种识别策略，构成下列优先次序的不等式。

动结式后有名词性成分，后指宾语（1）＞"把"字句中"把"的宾语（2）＞动结式后没有名词性成分，当且仅当只有一个主语时，前指主语（3）＞动结式后没有名词性成分，句子存在两个主语时，前指离其最近的主语（4）

（1）无标记句中，SVRO 是基础句式，动结式前后都有名词性成分，此时补语优先指向离其最近的 O；（2）标记句"把"字句中，补语优先指向离结果补语最近的"把"的宾语；（3）当动结式后无名词性成分，主语名词只有一个时，补语则前指充当主语的名词，包括主谓基础句、非施事主语句、被动句和重动句；（4）当动结式后无名词性成分，句中存在大小两个主语时，补语语义优先指向离它最近的主语名词。

上述规律的提出主要基于认知语言学的"语言象似性原则"和"凸显原则"。具体解释为：一般情况下，不管结果补语的语义指向对象是否存在竞争（即是否存在多指潜能），结果补语语义指向原则上遵守"语言象似性原则"；而特异语序中"凸显原则"具有突出地位。

6.1.3.2　"语言象似性原则"的主导作用

认知语言学认为，语言表达方式和人类认知之间紧密关联。语言结构的形式选择是有一定理据的、可论证的。这一观点是在对索绪尔著名的"语言符号任意性"反叛的基础上形成的，认知语言学强调语言形式和意义之间的理据性的作用，但并不排斥任意性。"象似性是语言形式和意义之间更为具体的理据关系，即两者在关系或结构上'相似'。"（李福印，2008）象似性是理据性的表现形式之一。

认知语言学认为，语言的象似性有三条规则：数量象似性（quantity iconicity）、距离象似性（proximity/distance iconicity）、顺序象似性（sequene/lineatity/order iconicity）。Givón（1990）将距离象似性原则称为"相邻原则（the proximity principle）"，不同实体在功能上、概念上或认知上越接近，语码编排的距离越接近。语码距离是结构形式距离，是对概念意义距离的临摹。结构形式距离在句法表层体现为线性距离，但不简单地与线性距离对应：两个概念成分之间成分的独立性越强、两者之间的组合方式越松散、结构树上跨越的节点越多，形式距离越大（张敏，1998）。

结果补语语义指向分析的是结果补语与其直接关联的语义成分之间的关系。结果补语的主体是形容词，人性值和物性值形容词占绝大多数。结果补语语义指向对象与结果补语之间必须有某个或某些共同的语义特征、属性或组成部分。因此，指物式结果补语与句中的名词性成分之间的语义距离是最直接、最紧密的。汉语中的名词性成分在句法上优先投射为主语、宾语。我们将动结式所分布的句式用符号表示，如表6-1。

表 6-1 汉语动结式分布句式的符号表示

句式	基础句 N₁VR（N₂）	"把"字句 N₁把 N₂VR	"被"字句 N₁被 N₂VR	重动句 N₁VN₂VRN₃	非施事 主语句 N₁VR	话题句 N₁N₂VR	其他
总量（个）	930	850	235	187	863	190	354
是否符合"象似性原则"	基本符合	基本符合	否	少量符合	是	是	未知
是否符合"凸显原则"	否	是	是	是	是	否	未知

根据"语言象似性原则"，结果补语语义上与其结构形式距离最近的名词性成分关联，从表 6-1 中可以推断。

当语义指向对象不存在竞争时：1）无标记句的小句中只有一个名词性成分（如无宾语基础句和非施事主语句），结果补语 R 在语义上直接与句中的 N₁ 关联；2）标记句"把"字句优先指向离其最近的"把"的宾语。

当语义指向对象存在竞争时：1）无标记句（主谓宾句、话题句、带宾语重动句）中结果补语 R 向前或向后指向离其最近的名词性成分 N₂ 或 N₃；2）"被"字句和重动句结果补语优先向前指向离其较远的主语名词。

由此可见，被动句和大量重动句并不遵守"语言象似性原则"。我们认为这是"凸显原则"与"象似性原则"竞争胜出的结果。尽管如此，但被动句和重动句并非动结式分布的重要形式，因此，"语言象似性原则"在结果补语语义指向规律中仍起主异作用。

需要补充的是，"语言象似性原则"指除被动句和重动句外，其他句式中的指物式结果补语优先向前或向后指向小句内离它较近的名词性成分，而不会跨层指向小句外的其他名词性成分。比如：

（109）墙刷白了，屋子也打扫干净了，明天我们就搬家吧。（《汉语动词-结果补语搭配词典》）

（110）这个包装箱钉大了，货物放进去来回逛荡。（《汉语动词－结果补语搭配词典》）

（111）这个孩子太重了，我抱累了，你抱一会儿吧！（《汉语动词－结果补语搭配词典》）

上例中的"白、大"是共相形容词，句子中所有表人和表物的名词性成分都有被指的可能性，但受距离象似性原则的影响，例（109）中的补语"白"语义指向小句内离它最近的名词性成分"墙"，而不指向线性距离离它更近的小句外的"屋子"。例（110）中的补语"大"、例（111）中的补语"累"也是这样。这是因为虽然结果补语与充当主语的语义指向对象之间隔着述语动词，但是述语动词具有很强的独立性，结果补语与其语义指向对象之间的形式距离并非最近距离，但与句外可指成分相比，这种形式距离要小得多。因为句外名词性成分与结果补语不属于同一结构层次，形式距离更大，两者相比，结果补语优先指向同层次距离较近的名词性成分。因此，在表达自然语序的无标记句中，当动结式后无其他名词性成分时，指物式结果补语优先向前指向小句的主语 S。

6.1.3.3 "凸显原则"的突出地位

动结式后没有名词性成分时，大多处于非自然语序环境中。此种情况下，结果补语的语义指向规律受凸显原则的影响。凸显原则是用焦点的观点来定义的，焦点（focus）是在概念义上比较凸显，语用义上希望引起听话人注意的部分。功能语言学派提出的几种语序原则可以概述为：

（a）在一段话语里，旧信息先出现，新信息后出现。

（b）紧密相关的观念倾向于被放在一起。

（c）说话人心目中最紧要的内容倾向于首选表达出来。

一般认为，新信息用焦点来包装，是说话人心目中最想要表达的内容。信息和焦点是两个不同层面的概念（戴浩一等，1988；徐烈炯，2002）。焦点关系到说话人的态度，信息是语用上的概念，与说话人的态度无关。原则（a）遵守的"信息中心原则"，满足象似性原则，一般用于自然语序中；原则（c）则是从说话人态度的角度来包装信息，受制于"凸显原则"，用于特异语序中。徐烈炯（2002）把跟算子相关联的成分称为语义焦点，新信息成分称为信息焦点。特异语序中，为了凸显语义焦点，会对其采用话题化、标记句等方式优先排序，这时候语言象似性原则对结果补语语义指向规律的解释就无能为力了。

汉语动结式构成的句子是一个双焦点结构，作为算子的结果补语及其语义指向对象都是句子的焦点，其中结果补语是信息焦点，结果补语语义指向对象是语义焦点。"焦点不是结构成分，理论上可以存在于句子的任何部位。"（徐烈炯、刘丹青，1998/2007）但在自然语言中，信息焦点总是置于句尾，而语义焦点根据说话人的主观态度倾向于优先表达出来。

因此，作为语义焦点的结果补语语义指向对象常常通过前置充当话题或主语的方式或由标记词"把"介引焦点化的方式以突出其焦点地位，构成非施事主语句，包括受事主语句、外围论元主语句、被动句、重动句和"把"字句。所以，非施事主语句、被动句、重动句中结果补语语义指向对象优先指向主语名词，"把"字句中则优先指向"把"的宾语。我们说结果补语语义指向方向由其所在句式决定，而其能够投射的句式则由结果补语语义指向对象的语义焦点性质决定。

反过来看，"被"字句中"被"后的施事包含已知信息，可以从句中省略，使其去焦点化（康健，2015），因此"被"后的施事不可能成为句中的语义焦点，也难以充当结果补语的语义指向对象。同理，"重动句的焦点在句法上表现为动补重动句的补语和动宾重动句的后宾语"（刘雪芹，2012），重动句的前宾语也并非句子的语义焦点，成为结果补语语义指向对象的可能性也较小。

结果补语的语义指向方向直接受动结式所处的句式的影响，但这只是表象。结果补语语义指向方向规律呈现出倾向性规律，每一条规律都存在例外现象。在以 SVRO 为代表的自然语序、带宾语重动句（SVO_1VRO_2）、话题句中，结果补语语义指向受"语言象似性原则"的影响，表现出优先后指或前指离其最近的名词性成分的情况；在以"把"字句为代表的特异语序中，结果补语优先指向"把"的宾语名词；而在非施事主语句、"被"字句、重动句等特异语序中，结果补语优先前指主语名词。不管结果补语语义指向对象是否存在竞争，都优先遵循"语言象似性原则"。只有在特别强调语义焦点的标记句中，"凸显原则"才会在竞争中胜出。

6.2 结果补语语义指向范围

赵世举（2001：41）以定语的语义指向为切入点，指出语义指向范围为"指域"，是"定语的语义指向所关涉的范围"，分为内指和外指两种："内指"指语义指向句内的某一成分；"外指"指语义指向句外的成分。这种分析角度同样适用于结果补语。由于受"距离象似性原则"的影响，结果补语的语义指向对象与补语之间的语义联系非常紧密，倾向于放在一起。因此，结果补语总是指向句内成分，很少指向句外成分。

我们将"外指"界定为指向动结式所在小句之外的句法成分，该成分可以隐匿，也可以出现在上下文中。如：

（112）这次考试题真难，我一道题都没答对，真考惨了。（《汉语动词-结果补语搭配词典》）

（113）别这样吓唬孩子，吓病了怎么办？（《汉语动词-结果补语搭配词典》）

（114）看小说能看饱吗？快来吃饭吧。（《汉语动词-结果补语搭配词典》）

（115）查了半天词典，总算弄懂了那句话的意思。（《汉语动词-结果补语搭配词典》）

前两例中，结果补语分别指向小句外的成分"我"和"孩子"；后两例中，结果补语语义指向"看"和"弄"的主体，而主体隐匿并未出现。我们把这种语义上指向动结式所在小句之外的成分，叫做"语义外指"。真实语料中，语义外指的例证并不多，我们统计的《汉语动词-结果补语搭配词典》中语义外指的例句有 280 个，占整个语料的 7.8%。

6.3 结果补语语义指向数量

赵世举（2001：42）分析定语的语义指向时，指出"指量"是"定语的语义指向的项数，亦即定语在语义上所直接关涉的对象的数量"，分为单指和多指两种情况："单指"指语义指向某一成分，与其他成分没有直接的联系；"多指"指语义上同时指向多个成分。结果补语在语义上直接关涉的对象也存在单指和多指两种情况。我们根据结果补语关联成分的性质，将单指向的结果补语分成指物式和指动式两种；根据结果补语词汇意义的虚实，将指动式结果补语分成语义实指和语义虚指两种类型。而结果补语语义多指类型比较复杂，下文我们将从"单指"和"多指"两个角度对结果补语语义指量进行分解论述。

汉语结果补语的语义指向对象在具体的句法环境中，一般只有一项。大多数结果补语语义指量都是单一的。从结果补语本身的意义及语义指向对象的性质两个角度看，结果补语语义指向对象总共有两组类型：实指和虚指，指物与指动。两组类型的关系大体可以用表 6-2 表示。

表 6-2　结果补语语义指向对象与语义单指之间的关系

语义指向对象	实指	虚指
指物式	＋	—
指动式	＋	＋

指物式结果补语语义指向人或物等实体，是实指；指动式结果补语语义指向动作行为本身是实指，当补语本身的结果义弱化，完成义增强时，补语语义指向虚化，最终只指动词，表示时体意义。但指物与指动、实指与虚指和结果补语语义单指并非完全一一对应。事件值形容词充当结果补语时，与动作和事物同时关联，是多指的；而这种类型又是指动式动结式的一种特殊类别。

6.3.1　结果补语语义单指类型

6.3.1.1　结果补语语义实指

事实上，结果补语语义实指可以分为三种类型：（a）由人性值、物性值、空间值形容词及一般动词充当的结果补语，语义指向人或物等实体；（b）由事件值形容词充当结果补语，语义指向事件，包括事物之间的关系、事件发生时动作行为的情态、方式、范围等；（c）由时间值形容词充当结果补语时，语义指向动作行为发生的时间点，持续的时长、时速以及频度等。其中第（a）（c）两类是语义单指的类型，结果补语指向述语动词的主体论元、客体论元、外围论元或动作行为任一成分。

语义实指的结果补语数量占结果补语总量的绝大多数。结果补语语义实指时，整个动结式可以分解成两个陈述性命题，比如：

（116）妈妈洗干净了衣服。➩命题1：妈妈洗衣服。命题2：衣服干净了。

（117）妹妹哭湿了手帕。➩命题1：妹妹哭。命题2：手帕湿了。

（118）我看懂了那段话。➩命题1：我看那段话。命题2：我懂了那段话。

（119）猴子跑远了。➩命题1：猴子跑了。命题2：（猴子与我之间的距离）远了。

（120）他抓紧了绳子。➩命题1：他抓绳子。命题2：紧抓/紧紧地抓。

（121）宝宝辅食吃早了。➩命题1：宝宝吃辅食。命题2：早吃/吃得早。

上述三种类型，事件值形容词充当结果补语的情况比较复杂，表现在两个方面。一是由表示距离关系的形容词"远、近、疏、密、旷"等充当结果补语时，其语义指向并不指向事物实体，也不指向动作行为本身，而是指向事物之间的抽象关系。而抽象关系总是蕴含在句子中，并未直接表达出来，因此其语义指向对象是隐含的，而非明显的，无法直接构成命题2。二是由表示方式、情态、范围的形容词充当结果补语时，语义直接指向动作行为本身，由于表示动作行为的述语动词依附于主体论元和客体论元，结果补语可能间接地或模糊地指向述语动词的客体论元和主体论元。这种间接性使补语谓词与述语动词相关的主客体构成的命题2的可接受度低。袁毓林（2001）认为这是"补语的及物性传递"，即由补语谓词传递给述语动词，再传递给充当主语或宾语的名词。

6.3.1.2 结果补语语义虚指

第一，语义虚指的界定。

结果补语语义虚指存在于意义发生虚化的结果补语中，如"穿、到、透、掉、成、见、完、死、好"等。从现代汉语共时层面看，它们发生了虚化，但仍保留了一定的词汇意义，虚化程度低于体标记。作为一种半虚化成分，虚化结果补语的特殊性得到汉语学界的普遍认可，产生了大量的研究成果。但由于处于动态发展过程中，研究者的观察视角也不同，虚化结果补语的相关研究比较分散，对其独立系统的研究相对较少。

由于虚化结果补语处于动态的变化过程中，不同学者对其性质的界定不同，但不管将这一语法成分如何定位，其处于虚化的动态变化过程中是共识。现有研究对其判断标准主要集中在语义上是否空泛，句法上是否黏着、能否扩展，语用上是否规则化、是否具有表述功能，等等（刘丹青，1994；吴福祥，2001；陈宝莲，2009；孙凡，2012；等等）。由于研究者的关注点不同，现有研究大多以特征描写的方式介绍以上标准，较少论证这些特征的充要性，进而导致该集合的定量标准宽严不齐，集合内部成员出入较大：少则 6 个（刘丹青，1994），多则 35 个（陈宝莲，2009）。

第二，语义虚指的结果补语的层级性。

虚化程度最高的结果补语大致经历了"实义补语—虚化补语—动相成分—完结成分—体标记"的过程。但有的结果补语完成第一步虚化后便停滞不前（如"穿、来"），有的向"完成体标记"（如"好、完、上"）、"程度补语"（如"死、透"）、"构词语素"（如"到、见"）等方向进一步发展。虚化结果补语在句法环境、语义融合度、韵律特征、语用特征等方面表现出明显的不平衡性，整个集合在现代汉语共时层面不是匀质的。

由于与之搭配的述语动词的性质不同，充当主、宾语名词性成分的不同，各成分之间的关系不同以及结果补语本身语义滞留的程度不同等，虚化结果补语事实上都处于虚化过程中，各个词的虚化程度不同。不同的虚化等级同时存在于现代汉语共时层面。因此，很多学者根据结果补语的虚化程度或者结果补语与述语动词的整合程度将充当结果补语的谓词分成若干个不同的词。比如，李思旭（2010）根据语义指向的不同，将"完"分为：指向动词的"完₁"、兼指动词和受事的"完₂"、指向非受事主语的"完₃"。从"完₃"到"完₁"，结果补语与述语动词的融合程度逐渐变高。

我们假定，意义发生虚化的结果补语谓词在语义上都要经历"具体结果义——抽象结果义——（程度义）——准时体义（表完成）"这样的一个虚化链，用图6-1表示。

图6-1　结果补语语义虚化链

虚化结果补语都是由指物式结果补语演化而来，但是并非所有的虚化结果补语都像"完"一样经历了动作和事物兼指的过程，而是直接由指物式过渡到指动式。当与结果补语搭配的动词自主性逐渐减弱时，结果补语与其所指的名词性成分之间的语义联系也逐渐松散，其自身所蕴含的基本义义素淡出，完成义逐渐突显，进而与动结式整体结构义叠合，表示准时体义。

因此，具有虚指潜能的虚化结果补语从外在形式上看是"身兼数职"的，语义虚指只是其众多功能中的一项，虚化结果补语的语义指向也较为复杂，更难判断。

6.3.2　结果补语语义多指类型

结果补语"语义多指"指结果补语语义同时指向多个成分。"补语存在多个语义指向的本质是补语的词汇概念意义并不匀质，在描述力上具有多范畴的适配能力，从而使得补语论元成分的选择约束不确定"（于婷婷，2011：36）。理论上看，多义词或共相谓词都存在语义多指的可能性。我们根据结果补语语义指向是否明确、指向多个成分时是否有歧义两个变量将语义多指现象分成语义歧指、歧义多指、语义兼指三种类型。下文将分别阐述。

6.3.2.1　语义歧指

第一，语义歧指的类型。

　　语义歧指指的是结果补语在某一具体的句法环境中有指向多个成分的可能性，但事实上只指向一个，整个动结式无歧义。由于这类动结式只是具有多指的可能性，一旦进入具体的句法环境，语义指向对象仍是单一确定的，所以有人将这种类型称为"潜在多指"（刘芬，2011）。这类动结式主要有两种类型：

　　A. 指向补语谓词的主事和役事，如：

　　（122）哭倒：a. 孟姜女哭倒了。

　　　　　　　　 b. 孟姜女哭倒了长城。

　　（123）哭醒：a. 弟弟哭醒了。

　　　　　　　　 b. 弟弟哭醒了妈妈。

　　（124）唱红：a. 他唱红了。

　　　　　　　　 b. 他唱红了那首歌。

　　（125）跑丢：a. 他跑丢了。

　　　　　　　　 b. 他跑丢了一只鞋。

　　（126）吵烦：a. 他俩吵烦了。

　　　　　　　　 b. 他俩吵烦了邻居。

　　（127）饿死：a. 监狱长饿死了。

　　　　　　　　 b. 监狱长饿死了犯人。

　　（128）打败：a. 我们打败了。

　　　　　　　　 b. 我们打败了敌人。

　　（129）砍伤：a. 他砍伤了。

　　　　　　　　 b. 他砍伤了我。

　　（130）冻坏：a. 我冻坏了。

　　　　　　　　 b. 我冻坏了西红柿。

　　这类动结式是由兼有自动和使动用法的有生谓词充当结果补语。上例中的"哭倒、哭醒、唱红、跑丢、吵烦、饿死、打败、砍伤、冻坏"等动结式单独存在时，语义是自足的。它们有指向多种语义成分的可能性：既可指向动结式的主体论元（补语动词的主事），又可以指向动结式的客体论元（补语动词的役事）。上例 a 组没有役事，结果补语语义指向补语动词的主事，即句子的主语；b 组例句役事出现在动结式宾语的位置上，整个句子的句法环境发生改变，结果补语语义指向对象发生改变，由主事转移到役事上，但整个句子并不产生歧义，并且在这种单一、具体的语法环境中，结果补语的语义指向是确定的。

B. 指向述语动词的客体论元和外围论元，如：

（131）砍坏：a. ＊他砍坏了。

　　　　　　b. 他砍坏了桌子。（指向受事）

　　　　　　c. 他砍桌子砍坏了斧子。（指向工具）

（132）锯断：a. ＊他锯断了。

　　　　　　b. 他锯断了木头。（指向受事）

　　　　　　c. 他锯木头锯断了锯子。（指向工具）

　　　　　　d. 他用锯子锯木头时锯断了捆木头的绳子。（指向旁及）

　　　　　　e. 他锯木头锯断了手指。（指向伴随）

（133）踢飞：a. ＊他踢飞了。

　　　　　　b. 他踢飞了球。（指向受事）

　　　　　　c. 他踢球踢飞了鞋子。（指向旁及）

这类动结式与第 A 类不同：第一，这类动结式由能够指向外围论元的无生谓词充当结果补语；第二，这类动结式的非主体论元隐匿时，句子语义不自足。这类动结式既可以指向述语动词的受事，也可以指向述语动词的工具、旁及、伴随等外围论元。当这些语义成分在同一个句子中共现时，结果补语优先指向外围论元。如例（132）d 句中述语动词"锯"的施事"他"、受事"木头"、工具"锯子"和旁及"绳子"同时出现在句中时，结果补语"断"虽然有三种指向的可能性，但只与旁及"绳子"发生直接关系，其语义指向是确定的、唯一的。

第二，语义歧指的原因分析。

袁毓林（2001）认为这些动结式的歧价现象是动结式既可以表示施受同指，又可表示施受异指的语义关系造成的。王玲玲、何元建（2002）和施春宏（2008）继承了这一观点，用述语和补语的主体既可同指又可异指来表示。但到底哪些动结式既可表示主体同指又可表示主体异指呢？上述说法并没有阐明结果补语语义歧指的原因。我们仍需要进一步弄清楚"语义歧指的结果补语还有哪些""语义歧指的动因是什么"这两个问题。

我们认为，A类歧指现象的产生是多种因素共同作用的结果，同时受到充当结果补语的谓词的句法特征、同现名词性成分与补语谓词的语义匹配程度的影响。

首先，充当结果补语的谓词兼有自动和使动的用法，自动、使动兼有是这类动结式存在语义歧指的前提条件，一般由有生谓词充当。如上例中的结果补语谓词"倒、红、丢、烦、死、败"等词都是兼有自动和使动用法的词。

其次，动结式前后出现的两个名词性成分都有与补语谓词匹配的义素，都有能与结果补语谓词构成陈述性命题的语义基础。如上例（122）中，"倒"既可以是"孟姜女倒"也可以是"长城倒"，例（123）中"弟弟"和"妈妈"都可以和"醒"构成陈述命题；同理，例（124）中"红"既可以是"他红"也可以是"那首歌红"。如果句中只有一个名词性成分与补语谓词语义匹配，则不构成语义指向歧指，如：

（134）a. 狂风刮倒了一棵古树。⇨b. 一棵古树刮倒了。

（135）a. 雷电击倒了他。⇨b. 他击倒了。

（136）a. 地震震倒了房子。⇨b. 房子震倒了。

（137）a. 三斤酒醉倒了他。⇨b. 他醉倒了。

（138）a. 农活儿累倒了爷爷。⇨b. 爷爷累倒了。

上例中处于动结式左边的致事主语"狂风、雷电、地震"是自然力，"三斤酒、农活儿"是液体和抽象物。《现代汉语词典》（第6版）对"倒"的释义是"（人或竖立的东西）横躺下来"，"倒"要求与之组配的词同时具有［人、物实体］和［竖立］两个特征。而上例中的致事都不具备与动词"倒"组配的语义特征，因此，在这类成分充当致事的动结式中，"V倒"不存在语义歧指的可能性。结果补语语义总是指向役事，不会因为句法环境的改变而发生变化。例（134）～（138）a、b两组例句的句法环境与例（122）"哭倒"两例中的句法环境一致，由于例（134）～（138）a组同现的多个名词性成分只有一个与补语谓词语义匹配，因此，即使补语谓词兼有自动和使动用法，结果补语的语义指向对象也不会发生改变。

更为典型的是例（135）中"击倒"的致事如果是"雷电"这样的自然力，结果补语的语义指向对象不会发生改变，如果"他"作为致事，则会出现歧指，试看：

（139）他击倒了。⇨他击倒了沙包。

这是因为"他"和"沙包"都具备与"倒"组配的语义特征，所以说，上述两个条件是 A 类动结式结果补语语义歧指的必要条件。

B 类动结式的语义歧指产生的原因比较简单，就是：一、结果补语谓词是共相谓词，可以与多种语义格系联；二、述语谓词是二价的。

经过上文的论述，我们归纳出动结式构成语义歧指的根本性原因是结果补语谓词有与多种论元角色系联的可能性，且这些论元角色分属不同的语义层级，即结果补语谓词系联的两个或多个语义成分要么分属主体论元和客体论元，要么分属客体论元和外围论元，如例（131）中的"桌子"和"斧子"就分属"砍"的客体论元和外围论元；这些成分不能同时归属某一语义层级的不同论元。比如：

（140）哭红：妹妹哭红了眼睛。（指向伴随）

妹妹哭红了鼻子。（指向伴随）

上例中"眼睛"和"鼻子"作为结果补语语义指向对象同属外围论元的伴随成分，是同一语义级别的，不会同时出现在同一句法环境中，不会出现歧指现象。

补语谓词兼有自动、使动用法及述语谓词的二价要求都是保证该补语谓词语义系联成分跨层的基础，这种特征是服务于我们上文所说的"系联不同层级论元"的根本原因的。需要说明的是，这里所说的"系联不同层级论元"是从结果补语的搭配意义角度来讨论的，并不是一般所说的谓词的多义性。形容词或动词的多义性，只为补语的语义歧指提供了可能，却并不一定带来必然。因此，并非所有的共相谓词语义都会歧指。

一般而言，具有［±生命］特征的共相谓词搭配范围广，可以同时和生命度要求高的主体论元和无生命度要求的客体论元系联，出现语义歧指的可能性最大；具有［+生命］特征的有生谓词搭配能力次之，因为有生谓词与有生名词搭配时，有生名词优先充当主体论元，并且也能够自由充当客体论元，形成不同的语义层级；语义歧指可能性最差的是具有［-生命］的无生谓词。

6.3.2.2　歧义多指

语义歧指是结果补语语义存在多种指向的可能性，却不具备多指的现实性。歧义多指则指结果补语在某一句法环境中存在着语义多指的现实性，并由此产生不同的意义。典型的歧义多指例句可以说是语义歧指的特殊类别，关于歧义多指的经典例句如下：

（141）追累：a. 张三追累了李四。

　　　　　　b. 张三追李四，张三累。

　　　　　　c. 张三追李四，李四累。

　　　　　　d. 李四追张三，李四累。

（142）等急：a. 医生等急了我。

　　　　　　b. 医生等我，医生急。

　　　　　　c. 我等医生，我急。

（143）想疯：a. 妈妈想疯儿子了。

　　　　　　b. 妈妈想儿子，妈妈疯。

　　　　　　c. 儿子想妈妈，儿子疯。

（144）骑累：a. 他骑累了马。

　　　　　　b. 他骑马，他累。

　　　　　　c. 他骑马，马累。

（145）说烦：a. 爸爸说烦了妹妹。

　　　　　　b. 爸爸说妹妹，爸爸烦。（妹妹不省心，爸爸说烦了她，不愿再提她。）

　　　　　　c. 爸爸说妹妹，妹妹烦。（爸爸爱唠叨，把妹妹说烦了。）

上述现象连同 6.3.2.1 中语义歧指的第一种类型引起了很多学者的关注，认为这是自动动结式的使动化现象。现有研究主要从三方面来解释这种现象：一、以李亚非（Li，1995）为代表的在"管辖与约束"理论框架内，用使役角色的指派来解释，包括袁毓林（2001），王玲玲、何元建（2002）；二、以沈家煊（2004）、宋文辉（2004a）为代表的在 Talmy 认知语义学的框架内讨论这种歧义产生的原因是歧义句可以表示不同的概念结构，"动结式的使动化就是自动事件的使因在认知上的凸显化"（宋文辉，2004a：118）；三、以任鹰（2001）为代表的从动结式的动词或补语是否兼有自动、使动用法来解释上述现象。

事实上这种歧义的例证是非常少的，除去我们在上文讨论的语义歧指的动结式外，歧义多指的例子更少了。在前人研究的基础上，我们试图作更深层次的原因探讨。沈家煊（2004）指出"张三追累了李四"之所以有多种概念结构，是"追累"的理想认知模式中"张三"和"李四"在"追"的过程中都会"累"，一旦述语动词换成"打"就不会存在歧义了，因为人们的理想认知模式中"打"的施动者会累、受动者不会累。在这种思想的启发下，我们认为这种歧义的产生是同时受到主宾语词项特征、述语动词特征和补语谓词特征的作用形成的。

首先，充当主宾语的名词性成分都必须是具有较高生命度等级的名词，保证动结式后的宾语能够充当客体的同时也能自由充当主体。

其次，充当述语的动词施动性较弱，具有较强的互动性，如例（141）~（143）中的"追、等、想"等动作在发生时也会迫使受动者积极参与整个活动。张三在追李四的过程中，李四也被迫奔跑；医生等我时，我也会积极回应医生的要求；妈妈想儿子，儿子可能也同时非常想念妈妈。这就是"追、等、想"等词充当述语动词的动结式更容易出现歧义的原因。

最后，充当结果补语的谓词具有人性值。在动作发生的过程中，动作的参与者能同时达到补语谓词所表达的状态。

6.3.2.3 语义兼指

语义兼指指结果补语语义在某一句法环境中，有指向多个成分的可能性，并具有同时指向多个成分的现实性，但是虽然同时指向多个成分，却不造成动结式的歧义，我们把这种指向情况称作"语义兼指"。

语义兼指的动结式主要由事件值形容词充当结果补语，还有"赔、赚、赢"等少数动词。

> （146）小明吃多了。
>
> ⇨小明吃（东西），吃的（频次）多/东西（数量）多。
>
> （147）小明说清楚了那句话。
>
> ⇨小明说那句话，那句话清楚/说得清楚。
>
> （148）电工焊错了电路板。
>
> ⇨电工焊电路板，电路板错了/电工错了/焊（的程序）错了。
>
> （149）妈妈分均了糖果。
>
> ⇨妈妈分糖果，糖果（数量）均等/均分。
>
> （150）快递员送错了包裹。
>
> ⇨快递员送包裹，包裹错了/快递员错了/送错了。
>
> （151）我们踢赢了那场比赛。
>
> ⇨我们踢（球），我们赢/那场比赛赢了。

这类动结式中，结果补语语义虽然可以同时指向多个成分，但所表内容在一个语义框架内，整个句子没有歧义，属于语义兼指。

袁毓林（2001）用"补语的及物性传递"来说明这类动结式中结果补语与名词性成分之间的联系，宋文辉（2004a）也认为补语谓词与述语动词的论元成分之间有着间接的、隐含的语义关系。我们承认补语谓词与述语动词之间有着直接的语义关联，并与述语动词的论元之间有着间接的联系，在此我们用 Fillmore 的框架语义学进一步解释这类现象存在的原因。框架语义学认为，"框架"是一个概念系统。"理解一个概念系统中的任何一个概念，必须以理解它所适应的整个结构为前提。当这样一个概念结构中的诸多概念中的一个被置入一个文本或一次交谈中时，（该概念结构中）其他所有的概念都自动被激活。"（Fillmore，詹卫东译，2003）一般情况下，框架中要凸显的概念更容易被激活，而背景成分则处于"半激活状态"（程琪龙，2007）。凸显概念的确认与说话人的"视角"有关。"视角的选择遵循凸显原则。"（弗里德里希·温格瑞尔、汉斯尤格·施密特，2009）

由事件值形容词充当的结果补语并不直接与名词性成分关联，而是强调动作行为发生时的情态、范围、方式等，动作行为本身作为凸显概念被激活，而与动作行为相关的其他概念作为背景成分处于"半激活状态"。由于动作行为本身在语义上又不是自足的，总是依附于一定的名词性成分，因此，在动结式构成的概念框架中，述语动词的所有论元都是"半激活状态"的，因而与补语谓词有着间接的语义联系。

6.4　小结

在传统结构主义思想指导下，本章从句法结构表层探讨了结果补语在语义指向方向、指向范围和指向数量方面表现出的规律。指动类结果补语语义向前指向动词，表现规律相对单一；指物式动结式的语义指向在自然语序和特异语序中表现出不同的规律：自然语序中优先后指名词性成分，特异语序的标记句"把"字句中优先指向"把"的宾语，非标记句中则指向主语名词。结果补语的语义指向与动结式所处的句式密切相关。结果补语语义指向对象受"语义一致性"原则影响，而语义指向方向受"距离象似性原则"和"凸显原则"的影响。

结果补语语义指向小句外的情况所占比例不高，绝大多数结果补语语义指向小句内部的句法成分。

我们从结果补语本身的意义是否发生虚化的角度将单指向结果补语分为实指和虚指两种类型，并讨论了实指、虚指与指物、指动的对应关系，运用语法化理论从整体上论证了结果补语虚化的句法、语义链。

结果补语语义多指包括语义歧指、歧义多指和语义兼指三种类型。三者彼此关联，又有很大的区别：语义歧指是结果补语语义有多种指向的可能性，随着句法结构的转变，结果补语的语义指向对象也会发生变化，但整个结果补语无歧义。歧义多指指在同一句法环境中，结果补语语义有指向多种成分的可能性与现实性，不同指向表达不同的意思，存在歧义。语义兼指则指同一句法环境中，结果补语语义有同时指向多种成分的可能性和现实性，但所有语义指向对象位于同一认知框架中，不存在歧义。多指向结果补语在结果补语总量中所占比例不大，能够形成多指向的结果补语谓词主要是具有人性值的动词或形容词以及多义形容词，因为这些词所系联的名词性成分更容易形成跨层论元而同时出现在同一句法环境中。"结果补语谓词有与多种论元角色系联的可能性，且这些论元角色分属不同的语义层级"是结果补语构成语义多指的基础。

7 结果补语语义指向的制约因素与判定准则

结果补语语义指向的制约因素及判定方法是语义指向语言本体研究的最终目的，也是语义指向类型多样性的一种初步解释。在承认结果补语语义指向包括语义指向对象、指向方向、指向数量和指向范围四个维度的基础上，探讨结果补语语义指向各个层面的制约因素，最终归纳出判断结果补语语义指向的基本原则，为第8章结果补语语义指向的计算机识别奠定语言学理论基础。

7.1 结果补语语义指向的制约因素

语义指向的制约因素是判定语义指向的重要依据。现有研究认为补语语义指向的制约因素包括补语的及物性（詹人凤，1989），句式（李子云，1990；张猛，2009），述语动词自身的语义特点、补语本身的语义特点（梅立崇，1994；许小星、亢世勇，2009），标志词、语序（张国宪，1988），形容词的次范畴（张国宪，1991），与述补结构同现的名词性成分、述语动词的语义特征、补语形容词的语义特征及述语、补语以及与述补词组同现的名词性成分之间的语义关系（马真、陆俭明，1997c；王红旗，2001；李晓东，2008）等。

上述研究从不同角度讨论了结果补语语义指向的制约因素，几乎涵盖了动结式及其共现成分的句法语义特征，这为我们的研究提供了有力参考，也让补语的语义指向的判定更加扑朔迷离，繁复难断。这些因素中哪个起决定作用？各个因素对语义的影响力到底有多大？这个影响力怎么分析？对于结果补语语义指向的科学判定至关重要，需要我们作更深层次的探讨。我们拟从现有研究的批判继承的分析中厘清上述问题。

7.1.1 句法结构制约

结果补语语义指向的制约因素从句法结构上看，主要包括三方面：整个动结式所处的句式（李子云，1990；张猛，2009）、动结式内部构成的动词 V1 和补词 V2 的配价以及整个动结式的配价（詹人凤，1989；郭锐，1995；袁毓林，2001；施春宏，2008；李晓东，2008）。

我们认为，句法上各制约因素对结果补语语义指向的影响力并非平行的，而是相互制约的。整个动结式所处的句式受制于动结式的配价，动结式的配价受制于动词 V1、补语谓词 V2 的配价及 V1 和 V2 的主体是否同指。句式是动结式最终的表层句法实现形式。

詹人凤（1989）最早从充当结果补语的词语的语法性质着眼，对补语的表述对象进行了考察，认为补语的语义指向受补语的及物性的制约。李子云（1990）认为詹人凤的观点只说明了部分情况，不能反映全部语言事实，他在此基础上补充认为，补语的语义指向受句式的制约。张猛（2009）也认为形容词结果补语语义指向取决于句式。

这些学者都是从结果补语最表层的句法表现形式来分析其语义指向制约因素的。例如：

（1）他做多了饭。

（2）他做饭做多了。

（3）他把饭做多了。

（4）饭做多了。

动结式"做多"在上述四种句式中，补语"多"都指向"做"的受事"饭"，但由于动结式所处的句式不同，例（1）补语后指宾语，例（2）前指重动宾语，例（3）指向"把"的宾语，例（4）指向受事主语。我们认为这种表象分析并不影响"做"的语义指向关联对象，所有句式中"多"的语义指向对象都是"饭"，变化的只是"饭"的句法实现形式。

从第 6 章的分析中我们可以看到，结果补语语义指向是不同维度的，作为表层结构的表现，句式并非结果补语语义指向深层次的、本质的影响因素，而是最表层的影响因素，句式只影响了结果补语语义指向方向。

在基础句中，动结式的配价不同，其所处的基础句式也不同，及物动结式的基础句式为 SVRO，不及物动结式为 SVR。而动结式及物与否受述语动词 V1 和补语谓词 V2 的配价的影响，同时，V1 和 V2 的配价还影响着动结式在其他变换句式的分布。

7.1.2　语义制约

结果补语语义指向的制约因素从语义层面上看，主要包括：充当结果补语的谓词的语义特征（结果补语谓词的次范畴）（张国宪，1991；梅立崇，1994；许小星、亢世勇，2009）、述语动词与同现的名词性成分的语义关系、述语动词的论元结构关系（马真、陆俭明，1997；王红旗，2001；李晓东，2008）。

张国宪（1991）认为形容词结果补语的语义指向受形容词的次范畴影响。他从句法功能的角度对形容词进行分类分析形容词结果补语的语义指向。许小星、亢世勇（2009）认为补语的语义指向主要受补语自身语义特征的制约。王红旗（2001）认为补语语义指向的不同"实际上是述语动词与相关体词性词语之间格关系的不同"。

上述研究从不同程度上指明了结果补语谓词语义特征对语义指向的制约作用，语义制约是结果补语语义指向判定的核心标准，但并非动结式中所有成分的语义特征都参与语义指向的判断。从前文的分析中，我们可以得出，结果补语谓词的语义特征是结果补语语义指向对象的唯一制约因素。而述语动词和同现名词性成分的语义关系一般情况下只会影响结果补语指量或虚化结果补语的语义指向问题。如绪论中所举的虚化结果补语"完"因同现的名词性成分不同而指向不同成分。

7.1.3　综合制约

梅立崇（1994）从语义的角度出发，在李子云（1990）研究的基础上，对结果补语的表述对象进行了进一步研究。他认为，在主宾同现的动结式句子中，制约补语表述对象的因素除句式外，还包括述语动词自身的语义特点、补语本身的语义特点和宾语。

李晓东（2008）认为制约结果补语语义指向的因素包括：次语类制约或语义匹配制约>定指度制约>生命度制约>标记制约>近距制约。这些条件的制约性由左到右越来越弱。于婷婷（2011）认为动结式中补语的语义指向受补语的语义特征、述语动词的语义类别、述语和补语的配价性质、句式四个因素的制约。

上述研究从不同角度讨论了结果补语语义指向的制约因素，但是到底哪个因素起决定作用，各个因素对语义的影响力到底有多大，这个影响力怎么分析，对于结果补语语义指向的科学判定至关重要。除于婷婷的研究外，其余的研究只是简单论及这些因素的影响作用，并未说明各因素的影响力。李晓东（2008）、于婷婷（2011）虽然对于各影响因素对结果补语语义指向的制约作用进行了排序，但排序依据并不明朗。

7.2 结果补语语义指向判断方法与原则

7.2.1 结果补语语义指向制约因素的制约层次与制约力

综合上文关于结果补语语义指向的分析，我们发现汉语结果补语的语义指向是多维度的、分层次的，不同维度的语义指向受不同因素的制约。结果补语的语义指向对象、指向方向、指向范围、指向数量受不同因素的制约和影响。

语义指向对象是结果补语语义指向分析的根本内容，制约结果补语语义指向对象的决定性因素是充当结果补语的谓词的语义特征，即充当结果补语谓词的次类范畴特征。结果补语主要由形容词充当，形容词蕴含的语义属性决定着结果补语语义指向对象的归属。由人性值、物性值、空间值形容词充当结果补语时，结果补语与指称人或物的名词性成分相关联；由事件值形容词充当结果补语时，结果补语与事物之间的关系、事件发生时的动作行为、动作行为的参与者同时关联；由时间值形容词充当结果补语时，结果补语与动作行为直接关联。由动词充当结果补语时，结果补语与指称人或事物的名词性成分关联；而词汇意义本身蕴含"动作行为的完成"的动词语义发生了虚化，结果补语与动词结合得比较紧密，语义直指动作行为。

结果补语的语义指向方向直接受动结式所处的句式的影响，但这只是表象。动结式的句式分布受制于动结式中述语动词和补语谓词的配价、述语动词与同现的名词性成分之间的语义关系，即论元结构关系。在以 SVRO 为代表的自然语序和重动句中，结果补语表现出优先后指倾向；在以"把"字句为代表的特异语序中，结果补语优先指向"把"的宾语；而在"被"字句、受事主语句和话题句等特异语序中，结果补语优先前指主语。

结果补语的语义指向数量受充当结果补语的谓词句法功能影响，兼有自动和使动用法的谓词存在着语义多指的可能性。

结果补语语义指向范围特征是动结式语用层面的特征，汉语结果补语很少有语义指向小句外成分的情况。

7.2.2 结果补语语义指向判定准则

由此，我们制定出判定结果补语语义指向的原则，具体表述如下。

（1）语义特征匹配原则：结果补语与其语义指向对象之间必须在某一语义特征上匹配。

（2）优先后指原则：动结式前后都有名词性成分时，优先后指。

（3）"把"字宾语优先原则：在满足第（1）条的基础上，"把"字句中优先指向"把"的宾语。

（4）名词性成分优先原则：当动结式后没有名词性成分，又不是"把"字句时，结果补语优先指向由名词性成分充当的主语。

上述四个原则根据制约力的大小，排序为（1）>（2）>（3）>（4）。也就是说，在判定结果补语语义指向时，首先需要根据结果补语的语义特征找到语义上与之匹配的名词性成分或动词性成分（包含语素义和引申义的相似点），由此确定结果补语的语义指向对象。当句子中出现多个成分的语义特征与结果补语的语义特征匹配时，采用原则（2）来判定结果补语的语义指向对象；当句子中动结式后没有名词性成分时，优先采用原则（3）来判定结果补语的语义指向对象；而当动结式所处的句式不是"把"字句且其后没有名词性成分时，采用原则（4）。

7.3　小结

　　结果补语语义指向包含语义指向对象、指向方向、指向数量和指向范围等多个维度，其中以结果补语语义指向对象为核心。不同维度受制于不同的因素。语义指向对象受制于结果补语谓词的语义特征，语义指向方向受制于动结式所处的句式，指向数量受制于结果补语谓词的句法功能，指向范围则受制于动结式的语用环境。

8　结果补语语义指向的计算机识别

近年来，随着计算机在人们日常生活的推广与普及，社会对于自然语言信息处理的要求也越来越多，越来越高。自然语言处理最大的难题是句处理，而句处理的核心问题是句子组成成分本身意义及各组成成分的搭配意义的识别与理解。由于动语和补语之间的结构关系和语义关系不一致，汉语动结式更是自然语言处理的难点，无论是动结式的机器识别、解读和翻译，还是动结式的生成都是自然语言处理的难点（傅爱平，2003）。语义指向研究的是表层结构中的两个或多个成分（尤指间接组成成分）在深层结构中语义上的直接联系，是句法语义互动研究的一个重要切入点。近些年不管是动结式还是语义指向研究都集中到一个新的方向——计算机识别与解读研究。詹卫东（2013），马腾、詹卫东（2013，2014）在事件语义结构理论框架下提出了计算机识别述结式的方法。赫琳（2009a，2009b）则探讨了计算机识别副词语义指向的策略与流程。本章立足汉语动结式的计算机解读，在前文研究的基础上探讨结果补语语义指向的计算机识别策略，制定具体的结果补语语义指向计算机识别流程。

8.1　结果补语语义指向计算机识别策略

"任何一个自然语言机器理解系统都不过是计算机对于人的语言能力的一种模拟"，"机器理解策略的优劣得失不仅应当从效用的角度来衡量，而且还应当从心理学的角度来衡量，即看一看这种策略是否跟人对自然语言的理解策略相吻合。"（傅承德，2000：189）我们在第 7 章提出的结果补语语义指向判定准则的基础上，充分利用计算机的各种可理解因素，尽量将结果补语语义指向的计算机识别策略形式化处理。我们在结果补语语义指向制约因素和语义指向判定原则的基础上，具体阐述各原则在计算机识别中的作用。

8.1.1　语义特征匹配原则

结果补语语义指向研究的核心就是对结果补语语义指向对象的判断，而语义指向对象具体由结果补语谓词的语义特征决定。结果补语主要由形容词和动词充当，大多数形容词和动词都和句中的体词性成分直接关联，结果补语语义优先指向体词性成分。而指向动词的结果补语数量相对较少，且每种指动式结果补语与形容词或动词的语义类别有着明显的一一对应关系。如虚化动词和形容词"好"语义指向动词，具有较强的时体义；时间值形容词结果补语语义指向述语动词表示的动作行为，强调动作行为发生的时长、时速、频率等；而事件值形容词直接指向动作行为，表示动作行为的范围、方式、情态等。所以，计算机在识别结果补语语义指向时可以由易到难，根据语义特征匹配原则，运用语料库统计的方法先把指向述语动词的结果补语排除掉，然后根据形式标记辨识指物式动结式中结果补语的语义指向对象。

8.1.2　"优先后指"原则

"优先后指"原则主要用于 SVRO 自然语序中。在 SVRO 自然语序中，指物式结果补语语义指向句中的体词性成分，其中不受形式标记（包括顺序标记和标记词"把"）制约的指物式动结式，其补语谓词为二价动词的感知类动词，如"懂、腻、清楚、明白"等词。这类动结式不遵循"优先后指"的原则。因此，我们需要将这类结果补语从指物式结果补语中首先提取出来，然后辨识一般指物式结果补语的语义指向对象。按照"优先后指"原则，结果补语后有名词性成分时，优先指向其后离它最近的名词。

8.1.3　"把"字宾语优先原则

补语后没有名词性成分时，要看句子是不是"把"字句，如果是"把"字句，优先指向"把"的宾语。而那些补语语义不指向"把"的宾语的例外，如"她把那本书看懂了"中的补语"懂"为二价谓词，构成的"把"字句补语仍然指向"懂"的主体论元"她"，我们用"语义特征匹配原则"将这类动结式中的"把"字句排除掉。

8.1.4　主语名词优先原则

补语后没有名词性成分，且动结式所处的句式不是"把"字句，而是话题句、受事主语句、"被"字句、重动句或一般的施事主语句。除话题句外，其他句式中，述语动词前都只有一个名词性成分，结果补语语义指向主语名词；话题句中有大主语和小主语两个名词性成分，如果两个名词性成分之间有领属关系，则指向小主语——后一个名词性成分；如果无领属关系，则与一般无标记句一样直接指向大主语。

8.2　结果补语语义指向计算机识别流程

由于结果补语主要是指物式的，指向句中的体词性成分，指动式类别较少、较特别。因此，我们主要采用排除法编制计算机识别结果补语语义指向流程。具体流程如图 8-1 所示。

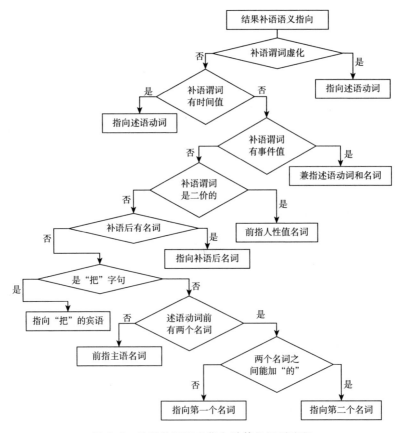

图 8-1　结果补语语义指向计算机识别流程

8.3 结果补语语义指向计算机识别流程的解读

上文提出的结果补语语义指向的计算机识别流程只是一个粗略的设想，在我们所做的计量研究的基础上，可以通过判断结果补语的方式将部分无标记句中的结果补语语义指向简化，得出上述流程。本流程是在计算机能够识别动结式的基础上制定的。因此，我们在此不考虑计算机能否识别动结式的问题。我们用例证解释此流程图的具体使用方法。

（1）我逐渐地<u>体会到</u>生活的道路并不是平坦的。（《汉语动词-结果补语搭配词典》）

（2）粥别<u>熬早</u>了，等下班的人快回来时再熬。（《汉语动词-结果补语搭配词典》）

（3）她在信上没<u>说准</u>到底哪天回来。（《汉语动词-结果补语搭配词典》）

（4）他一点一点地阅读，逐字逐句地思考，终于把那本深奥的哲学书<u>抠懂</u>了。（《汉语动词-结果补语搭配词典》）

（5）我刚一<u>拨通</u>电话，那边马上有人接了。（《汉语动词-结果补语搭配词典》）

（6）他们想把这两间房子<u>打通</u>，扩成一个会议室。（《汉语动词-结果补语搭配词典》）

（7）现在离婚的多了，我都<u>看习惯</u>了。（六六《蜗居》）

（8）胶水瓶都被他<u>捏瘪</u>了，也没挤出多少胶水来。（《汉语动词-结果补语搭配词典》）

（9）他杯子里的酒没<u>喝净</u>就急急忙忙地走了。（《汉语动词-结果补语搭配词典》）

（10）有关的医学杂志我都<u>订全</u>了。（《汉语动词-结果补语搭配词典》）

例（1）的结果补语"到"属于我们所统计的虚化结果补语，我们将其语义指向情况简化为直指述语动词。因此，"到"的语义指向对象为述语动词"体会"。

例（2）的结果补语"早"不是虚化结果补语，而是时间值形容词"早"，属于我们统计的时间值形容词集合，我们认为时间值结果补语语义指向述语动词。因此，"早"的语义指向对象为述语动词"熬"。

例（3）"准"既不是虚化结果补语，也不是时间值结果补语，而属于事件值结果补语。因此，其语义指向对象主要为述语动词"说"，兼指"哪天"。

例（4）中的结果补语"懂"既不是虚化结果补语，也不属于时间值、事件值结果补语，其语义指向对象不可能是述语动词。根据流程图 8-1 所示，"懂"符合"二价动词"这一特征，其在任何句法环境中（不管是否处于标记句中）语义都前指人性值名词。此例中"懂"语义前指主语"他"。"懂"类二价动词充当结果补语的数量有限，高频充当结果补语的只有"会、腻、够、明白、惯、习惯"等几个。

例（5）中结果补语"通"不在虚化结果补语、时间值结果补语、事件值结果补语、二价动词结果补语的集合内，是一般的结果补语，借助句法位置、句法标记来判断其语义指向。"通"后有名词"电话"，语义与"电话"直接关联。

例（6）中的结果补语"通"是一般结果补语，根据句中的标记词"把"判断语义指向对象，语义前指"把"的宾语。

如果结果补语不是特殊类别，结果补语后没名词性成分，又不在"把"字句中，结果补语前指主语名词。如例（7）中的"习惯"，例（8）中的"瘪"，语义都前指主语名词。只要是在非"把"字句中，即使在"被"字句中，都遵守这条规则。但是如果述语动词前有两个名词性成分，要看这两个名词性成分之间的语义关系的紧密程度，判断二者是否有领属关系。有的话，结果补语指向第二个名词性成分，如例（9）中"他"和"杯子里的酒"之间有领属关系，结果补语"净"语义指向第二个名词性成分"杯子里的酒"。如果前后两个名词性成分之间没有领属关系，结果补语指向第一个名词性成分，如例（10）中"医学杂志"和"我"之间没有领属关系，结果补语"全"语义指向第一个名词"有关的医学杂志"。

8.4　结果补语语义指向计算机识别流程的不足

上文提出的结果补语语义指向计算机识别流程是在结果补语语义指向

的判定准则的基础上制定的，基本上能够识别绝大部分结果补语的语义指向，但是这个识别流程也存在一些不足，主要表现为以下三个方面。

8.4.1　简化了虚化结果补语的语义指向问题

虚化结果补语都处于虚化的过程中，并未完全虚化，在自然语言中虚化义和实义并存，都能充当结果补语。补语动词虚化后，语义指向述语动词，表示类时体义；未虚化时，补语同一般结果补语一样，语义指向句中的名词性成分，如：

（11）当警车开到作案地点时，坏人已经逃掉了。（《汉语动词–结果补语搭配词典》）

（12）尽管我竭力想把他忘掉，可他的身影还总是在我眼前出现。（《汉语动词–结果补语搭配词典》）

（13）他的牙几乎都拔掉了，现在的牙差不多都是假牙。（《汉语动词–结果补语搭配词典》）

（14）刚买的娃娃就让孩子把腿掰掉了。（《汉语动词–结果补语搭配词典》）

例（11）（12）中的"掉"语义虚化，语义指向述语动词，表示动作的实现；例（13）（14）中的"掉"语义未虚化，分别指向主语名词"他的牙"和"把"字宾语"腿"。对于计算机来说很难识别虚化结果补语集合内的词在哪种句法环境中发生虚化，哪种句法环境中未虚化，我们提出的计算机识别流程将此问题简化，采用一刀切的方式，将虚化结果补语集合内的所有动词充当结果补语时的语义指向一并指向述语动词。

8.4.2　简化了事件值结果补语语义指向问题

事件值结果补语充当结果补语时，语义指向比较复杂，有的只指向述语动词，如"紧、充分"等；有的兼指述语动词和主体论元，如"安稳、安定"；大部分兼指述语动词和客体论元，如"均匀、准、错、对、偏"等。由于事件值形容词数量不多，我们并未根据语义指向的不同对这些词进行下位分类，因此，简单地指出事件值结果补语语义兼指述语动词和名词，但具体指向哪个名词没作详细探讨。

8.4.3 无法识别少量例外句子中结果补语的语义指向

（15）第二首诗你就<u>背落</u>了一句。（《汉语动词–结果补语搭配词典》）

（16）你看，你怎么<u>抄落</u>了一行呢？（《汉语动词–结果补语搭配词典》）

（17）我的饭盒让他<u>摁瘪</u>了一大块。（《汉语动词–结果补语搭配词典》）

（18）这块大石头砸不碎，砸了半天才<u>砸裂</u>了一道缝儿。（《汉语动词–结果补语搭配词典》）

上例中的句法格式都是"动结式+数量名词"的形式，且数量名词与前文出现的名词"诗、饭盒、石头"有领属关系，但是例（15）（16）遵循"结果补语语义优先后指"的指向规律，满足我们上文提出的识别流程，但例（17）（18）例外，结果补语"瘪、裂"分别前指名词性主语"饭盒、石头"。因此，按照我们上文提出的识别流程，计算机难以识别这类句子中结果补语的语义指向。

9 结语

我们对全部内容进行总结，指出创新之处、研究的不足之处及后续研究计划。

9.1 基本结论

第一，结果补语谓词是一个封闭的类，由形容词和少量动词充当，受汉语双音节化的影响，结果补语谓词表现出明显的单音节倾向。［＋可变］和［＋他控］是谓词充当结果补语的两个核心语义特征。［＋可变］是结果补语动态性的语义要求，这个动态性是弱动态性。［＋他控］是结果补语非自主性的语义要求。除此之外，谓词充当结果补语还受到音节、使用频率、词汇独立程度、与动词的组配能力等因素的限制。

第二，语义指向分析是一项多角度、多方位的语义分析方法。结果补语语义指向研究包括结果补语语义指向对象、语义指向方向（指向）、语义指向数量（指量）和语义指向范围（指域）四个维度。每个维度的制约因素不同，对动结式的影响力也不同。结果补语语义指向对象是语义指向分析的核心内容、本质内容，分析的是动结式的深层语义结构，语义指向对象受充当结果补语的谓词的语义特征制约。语义指向方向分析的是动结式的表层句法结构，受动结式所处的句式特征制约。

第三，结果补语语义指向对象受制于充当结果补语的谓词的语义值。一般动词和具有人性值、物性值和空间值的形容词语义指向名词性成分，事件值形容词语义兼指动作和事物，时间值形容词语义只指动作行为，由"完结义"动词和形容词"好"充当的虚化结果补语语义指向动作行为，由于虚化程度不同，存在语义兼指的情况。

第四，结果补语语义指向方向表现出"优先后指名词性成分""优先前指'把'字宾语""优先前指话题主语"的倾向性规律。结果补语语义指向方向受制于动结式所处句式，句式又受制于述语动词、补语谓词及整个动结式的配价及其与动结式同现的名词性成分之间的语义关系。这三个指向规律分别运用在自然语序和特异语序中，在"距离象似性原则"和"凸显原则"的影响下形成。

第五，少数结果补语有多个语义指向对象，是因为"结果补语谓词有与多种论元角色系联的可能性，且这些论元角色分属不同的语义层级"，补语谓词兼有自动、使动用法是确保结果补语谓词的论元角色分属不同语义层级的基础。

第六，结果补语语义大多数指向句内成分，较少指向句外成分。

第七，结果补语语义指向的计算机识别可以在统计结果补语谓词的基础上，运用"语义一致性"原则排除具有较少数量的指动式动结式，然后根据结果补语指向方向规律判定动结式原型——指物式动结式的语义指向。

9.2 创新之处

现有成果关于结果补语语义指向研究不乏论证系统、挖掘深入的，但很多视角混乱，没有区分结果补语及其相关成分的句法结构关系和语义结构关系，没有厘清结果补语语义指向各制约因素的着力点，使结果补语语义指向和动结式之间的关系混乱。在着力解决上述问题的基础上，研究的创新之处主要表现在以下三个方面。

9.2.1 研究视角的创新

我们采用多维分析的视角，厘清了结果补语语义指向分析的维度，建立了结果补语语义指向分析层次，具体表现为建立了结果补语语义指向分析的指向对象、指向方向、指向数量和指向范围的研究维度，并基于此找到了不同维度下语义指向的制约因素及其各制约因素的作用力，制定了结果补语语义指向判定总则。

9.2.2 研究方法的创新

方法创新主要体现在将理论推理与语料库统计方法结合起来运用于语

义指向分析中。我们在对动结式的句式分布研究中，先通过传统的归纳观察法将动结式句式分布的语言现实列举出来，然后通过对《汉语动词-结果补语搭配词典》中封闭的动结式句式语料库进行分类分析，通过真实语料统计动结式的句式分布，以查验理论与现实之间的差距。

9.2.3　研究观点的创新

本部分研究是对结果补语语义指向的发展性研究，在补充、深化已有观点的基础上，主要有以下新发现。

第一，充当结果补语的谓词具有弱动态性。

第二，结果补语的语义指向对象研究是结果补语语义指向研究的核心内容。结果补语语义指向对象直接受制于结果补语谓词的语义值。

第三，指动式结果补语内部是不同的，存在着单指动作行为、兼指动作行为和事物及虚指动作行为三种类型。这些不同是由结果补语谓词的不同质造成的。

第四，结果补语语义指向方向受制于动结式所处句式，句式又受制于述语动词、补语谓词及整个动结式的配价及其与动结式同现的名词性成分之间的语义关系。

第五，结果补语多指的原因在于结果补语有与多种论元角色系联的可能性，且这些论元角色分属不同的语义层级。

9.3　不足之处与研究展望

9.3.1　不足之处

本书对结果补语形容词语义值的分类略显粗糙，没有提出明确的判断结果补语谓词语义值的方法。

虚化结果补语内部演化具有较强的个体差异，需要逐个考察分析结果补语的虚化过程以便抽离出其演变共性。我们的相关论点是在前人时贤关于结果补语虚化的个案考察基础上提出的，并未亲自逐一考察。

有些违反结果补语语义指向一般规律的语言现象，我们只是对其进行了分类描写，未能解释其深层动因，有待进一步研究。

关于结果补语语义指向的计算机识别流程和策略只是一个设想，具体实现还需要在词类标注和动结式识别的基础上进行。

9.3.2 后续研究展望

形容词的语义不是自足的，具有较强的依附性，可以根据"语义双向选择原则"专门研究形容词语义值的提取方法。

通过逐个考察虚化结果补语在各个历史时期的演化情况，全面考察结果补语虚化的动因与机制。

我们重点讨论了动结式的计算机解读问题，从汉语动结式机器翻译的角度看，汉语动结式的计算机识别、翻译，即汉语动结式和英文表达方式的对接等还有更多的工作要做。此外，从反方向上看，机器翻译中汉语动结式的生成也需要专门研究。

参考文献

艾　彦　2005　《形容词作状语的语义指向研究》，北京大学硕士学位论文。

北京语言学院教学研究所（编）　1992　《现代汉语补语研究资料》，北京：北京语言学院出版社。

常　娜　2018　《虚化动结式"V上"中"上"的语义及实现条件》，《语言科学》第 3 期。

常　娜　2019　《实义动结式"V上"的意象图式及语义连接》，《华文教学与研究》第 3 期。

陈　平　1987　《释汉语中与名词性成分相关的四组概念》，《中国语文》第 2 期。

陈　平　1988　《论现代汉语时间系统的三元结构》，《中国语文》第 6 期。

陈　平　1994　《试论汉语中三种句子成分与语义成分的配位原则》，《中国语文》第 3 期。

陈　颖　2002　《"VA 了"述补结构带宾语功能探析》，《上饶师范学院学报（社科版）》第 2 期。

陈　忠　2009　《汉语时间结构研究》，北京：世界图书出版公司。

陈　忠　2012　《"结构——功能"互参互动机制下的重动句配置参数功能识解》，《中国语文》第 3 期。

陈宝莲　2009　《现代汉语唯补词研究》，上海师范大学学位论文。

陈保亚　1999　《20 世纪中国语言学方法论》，济南：山东教育出版社。

陈前瑞　2003　《汉语体貌系统研究》，华中师范大学博士学位论文。

陈巧云　2000　《动词做结果补语情况探析》，《新乡师范高等专科学校学报》第 3 期。

陈小曼　2013　《基于语义指向分析的"得"字句英译研究》,《外国语文》第 10 期。

陈信春　2010　《补语同相关成分的句法语义关系》,开封:河南大学出版社。

陈永婳　2010　《试论现代汉语副词的语义指向》,西北师范大学硕士学位论文。

程　工　1995　《评〈题元原型角色与论元选择〉》,《国外语言学》第 3 期。

程丽丽　2001　《补语语义指向研究》,首都师范大学硕士学位论文。

程琪龙　2007　《概念框架:一个有新意的小句概念语义模式》,《重庆大学学报(社会科学版)》第 2 期。

褚　鑫　2016　《构式语法观下的动结式及相关句式研究》,吉林大学博士学位论文。

崔　婷　2015　《动结式"V 开"与"V 清楚"语义和语用功能的差异——以"说开"和"说清楚"为例》,《语文研究》第 3 期。

崔　婷　2020　《偏离类动结式受事前置的产生及其理据》,《汉语学习》第 5 期。

崔承一　1991　《说说述补(结果)宾谓语句的语义结构系列》,《汉语学习》第 1 期。

戴浩一,黄河　1988　《时间顺序和汉语的语序》,《当代语言学》第 1 期。

戴浩一,叶蜚声　1990　《以认知为基础的汉语功能语法刍议(上)》,《当代语言学》第 4 期。

戴浩一,叶蜚声　1991　《以认知为基础的汉语功能语法刍议(下)》,《当代语言学》第 1 期。

戴耀晶　1998　《试说汉语重动句的语法价值》,《汉语学习》第 2 期。

邓亮,姜灿中　2016　《"V 破"动结式的层级特征及构式属性》,《外国语文》第 5 期。

邓守信　1985　《汉语动词的时间结构》,《语言教学与研究》第 4 期。

丁凌云　1999　《定语语义指向分析》,《安徽教育学院学报(哲学社会科学版)》第 2 期。

丁声树等　1961　《现代汉语语法讲话》,北京:商务印书馆。

董金环　1991　《形容词状语的语义指向》，《吉林大学社会科学学报》第 1 期。

董淑华，范庆华　1997　《VA 述补结构带宾语情况考察》，《东疆学刊》第 3 期。

董秀芳　2017　《动词后虚化完结成分的使用特点及性质》，《中国语文》第 3 期。

范　晓　1985　《谈谈词语组合的选择性》，《汉语学习》第 3 期。

范　晓　1987　《V-R 及其所构成的句式》，《语言研究集》，上海：复旦大学出版社，1987。

范　晓　1992　《V 得句的"得"后成分》，《汉语学习》第 6 期。

范晓，胡裕树　1992　《有关语法研究三个平面的几个问题》，《中国语文》第 4 期。

费建华　2013　《语义指向分析的跨语言研究探析——以在日语语法研究中的应用为例》，《华西语文学刊》第 2 期。

冯胜利　1997　《汉语的韵律、词法与句法》，北京：北京大学出版社。

冯胜利　2002　《汉语动补结构来源的句法分析》，《语言学论丛》第二十六辑，北京：商务印书馆。

冯文贺　2013　《复合名词短语 N1AN2 中形容词语义指向的判定与分析》，《汉语学习》第 3 期。

弗里德里希·温格瑞尔，汉斯尤格·施密特　2009　彭利贞，许国萍，赵微译《认知语言学导论》，上海：复旦大学出版社。

傅爱平　2003　《机器翻译中汉语动结式生成的过程和困难》，《中国语文》第 1 期。

傅承德　2000　《然语言理解的方法与策略》，郑州：河南人民出版社。

傅满义　2003　《浅析定语的语义指向及相关问题》，《阜阳师范学院学报（社会科学版）》第 5 期。

傅远碧　2000　《结果补语的语义指向》，《绵阳师范高等专科学校学报》第 3 期。

高　燕　2005　《从认知角度看现代汉语动补结构的语义指向》，上海外国语大学硕士学位论文。

高育花　2001　《中古汉语副词语义指向分析》，《古汉语研究》第 2 期。

耿延惠 1995 《试谈结果补语的语义指向》,《锦州师院学报(哲学社会科学版)》第 2 期。

郭 锐 1993 《汉语动词的过程结构》,《中国语文》第 6 期。

郭 锐 1995 《述结式述补结构的配价结构和成分整合》,《现代汉语配价语法研究》,北京:北京大学出版社。

郭 锐 1997 《过程和非过程——汉语动词的两种外在时间类型》,《中国语文》第 3 期。

郭继懋,王红旗 2001 《粘合补语和组合补语表达差异的认知分析》,《世界汉语教学》第 2 期。

何美芳,鹿士义,逯芝璇 2018 《基于概念距离的汉语动结式类型学特征》,《国际汉语教学研究》第 1 期。

赫 琳 2004 《"从小"语义指向的计算机识别》,《华中科技大学学报(社会科学版)》第 4 期。

赫 琳 2009a 《现代汉语副词语义指向及其计算机识别研究》,北京:中国社会科学出版社。

赫 琳 2009b 《副词语义指向自动识别的路径探讨和个案分析》,《武汉大学学报(人文科学版)》第 7 期。

赫琳,吴迪 2009 《论副词"也"语义指向的制约因素》,《长江学术》第 3 期。

洪 波 2005 《论汉语实词虚化的机制》,《汉语语法化研究》,北京:商务印书馆。

呼叙利 2003 《语义指向理论探索》,福建师范大学硕士学位论文。

胡树鲜 1982 《两组副词的语义特点及多项作用点》,《四平师范学院学报》专刊。

黄伯荣,廖序东 2019 《现代汉语》(增订六版),北京:高等教育出版社。

黄锦章 1993 《行为类可能式 V-R 谓语句的逻辑结构与表层句法现象》,《语言研究》第 2 期。

黄晓琴 2005 《动结式的语义关系与句式变换》,《语言文字应用》第 9 期。

贾彦德 1999 《汉语语义学》,北京:北京大学出版社。

姜　红　2007　《动结式中补语语义歧指现象分析》，《安徽大学学报（哲学社会科学版）》第 1 期。

姜灿中　2016　《汉语动结式的历时构式语法研究》，西南大学硕士学位论文。

蒋静忠　2008　《形容词定语的语义指向与判定方法》，《汉语学报》第 1 期。

蒋静忠　2009　《形容词定语的逆向指向研究》，《汉语学习》第 2 期。

蒋静忠　2010　《两个形容词定语连用的语义指向研究》，《信阳师范学院学报（哲学社会科学版）》第 1 期。

蒋绍愚　1999　《汉语动结式产生的时代》，《国学研究》（第 6 辑），北京：北京大学出版社。

金　环　1991　《形容词状语的语义指向》，《吉林大学社会学学报》第 1 期。

金宗燮　2006　《韩国留学生使用汉语结果补语的情况考察》，北京语言大学硕士学位论文。

康　健　2015　《汉语语序教学——遵循功能原则和概念原则》，北京：北京语言大学出版社。

康晓宇　2008　《结果补语的语义指向分析》，《科教文汇（上旬刊）》第 12 期。

黎锦熙　1924/1992　《新著国语文法》，北京：商务印书馆。

李　敏　1996　《定语的语义指向试析》，《语文知识》第 7 期。

李晨晨　2016　《汉语动结式"V 满"的多视角研究》，南京林业大学硕士学位论文。

李大鹏　2010　《"把"字句"把"后动词补语语义指向探究》，《西南农业大学学报（社会科学版）》第 6 期。

李范烈　2009　《现代汉语副词"只"的语义指向考察》，《安庆师范学院学报（社会科学版）》第 8 期。

李福印　2008　《认知语言学概论》，北京:北京大学出版社。

李临定　1963　《带"得"字的补语句》，《中国语文》第 5 期。

李临定　1980　《动补格句式》，《中国语文》第 2 期。

李临定　1984　《究竟哪个"补"哪个?》，《汉语学习》第 1 期。

李临定　1992　《从简单到复杂的分析方法——结果补语句构造分析》，《世界汉语教学》第 3 期。

李讷，石毓智　1997　《汉语动词拷贝结构的演化过程》，《国外语言学》第 3 期。

李讷，石毓智　1999　《汉语动补结构的发展与句法结构的嬗变》，《中国语言学论丛》（第二辑），北京：北京语言文化大学出版社。

李谱英　1995　《补语的语义指向》，《广西教育》第 4 期。

李思旭　2010　《补语"完"的内部分化、语义差异及融合度等级》，《语言研究》第 1 期。

李炜东，胡秀梅　2005　《"在+处所"的语义指向分析》，《语言文字应用》第 9 期。

李咸菊　2004　《重动句的语义关系及补语的语义指向规律》，《喀什师范学院学报》第 2 期。

李小荣　1994　《对述补式带宾语功能的考察》，《汉语学习》第 5 期。

李晓东　2008　《结果补语语义指向研究》，首都师范大学博士学位论文。

李银京　2009　《韩国留学生汉语结果补语偏误分析》，北京语言大学硕士学位论文。

李雨晨，刘正光，刘绍敏　2014　《主观化与现代汉语形容词的语义异指研究》，《外语教学与研究》第 5 期。

李子云　1990　《补语的表述对象问题》，《中国语文》第 5 期。

李子云　1993　《状语的语义指向》，《安徽教育学院学报（哲学社会科学版）》第 3 期。

梁　雨　2006　《几类补语指向主语动结式的句法形式》，《华中科技大学学报（社会科学版）》第 4 期。

梁国英　2008　《"得"字结构补语的语义指向分析》，《现代语文（语言研究）》第 3 期。

梁雪垠　2008　《留学生学习汉语结果补语的偏误分析》，天津师范大学硕士学位论文。

梁银峰　2006　《汉语动补结构的产生与演变》，上海：学林出版社。

林　艳　2013　《汉语双宾构式句法语义研究》，北京：北京语言大学出版社。

蔺 磺　1998　《八十年代以来动结式研究综述》，《山西大学学报》第2期。

蔺俊霞　2008　《基于偏误分析的多媒体环境下的结果补语教学》，华东师范大学硕士学位论文。

刘 芳　2002　《语义指向动词中心语的状语的考察》，《广西大学学报》第10期。

刘 芳　2003　《状语语义指向分析》，《桂林师范高等专科学校学报》第2期。

刘 芬　2010　《动结式补语潜在多指现象分析》，《现代语文》第2期。

刘 芬　2011　《现代汉语单音节动词作结果补语的综合考察》，上海师范大学硕士学位论文。

刘 芬　2012　《英汉语言与语言教学的认知研究》，北京：中国水利水电出版社。

刘 哲　2010　《形容词性状语的语义指向研究》，浙江大学硕士学位论文。

刘柏林　2002　《关于定、状、补语的语义指向问题》，《语文学刊》第5期。

刘丹青　1994　《"唯补词"初探》，《汉语学习》第3期。

刘街生　2006　《动结式组构的成分及其关系探讨》，《语言研究》第2期。

刘宁生　1984　《句首介词结构"在……"的语义指向》，《汉语学习》第2期。

刘宁生　1985　《"大约"的语义、语法分析》，《语文研究》第3期。

刘宁生　1995　《汉语偏正结构的认知基础及其在语序类型学上的意义》，《中国语文》第2期。

刘宁生，钱玉莲　1987　《"最"的语义指向与"最"字句的蕴含》，《汉语学习》第5期。

刘培玉　2012　《动结式重动句构造的制约机制及相关问题》，《汉语学报》第1期。

刘秀萍　2012　《韩国学生使用汉语结果补语的偏误研究》，山东大学硕士学位论文。

刘雪芹　2011　《现代汉语重动句宾语指称意义研究》，《汉语学习》第5期。

刘雪芹　2012　《现代汉语重动句研究》，上海：学林出版社。

刘延新　1992　《结果补语的语义指向试析》，《沈阳大学学报（哲学社会科学版）》第12期。

刘月华　1983　《状语的分类和多项状语的顺序》，《语法研究和探索》（二），北京：北京大学出版社。

刘月华等　2001　《实用现代汉语语法》，北京：商务印书馆。

刘振平　2007　《单音节形容词作状语和补语的对比研究》，北京语言大学博士学位论文。

刘振平　2009　《动结式语义结构及认知域投射》，《求索》第4期。

刘振平　2014　《形容词进入动结式作补语的认知语义基础》，《汉语学习》第2期。

刘振平　2015　《形容词做状语和补语的认知语义研究》，北京：商务印书馆，

刘子瑜　2008　《〈朱子语类〉述补结构研究》，北京：商务印书馆。

卢福波　1996　《形容词状语语义指向及其语用特点探析》，《中国对外汉语教学学会第五次学术讨论会论文选》，北京：北京语言学院出版社。

卢英顺　1995　《语义指向研究漫谈》，《世界汉语教学》第5期。

陆俭明　1990　《"VA了"述补结构语义分析》，《汉语学习》第1期。

陆俭明　1992　《现代汉语补语研究资料》，北京：北京语言学院出版社。

陆俭明　1997　《关于语义指向分析》，《中国语言学论丛》（第一辑），北京：北京语言文化大学出版社。

陆俭明　2001　《"VA了"述补结构语义分析补议》，《汉语学习》第1期。

陆俭明　2005　《现代汉语语法研究教程》（第3版），北京：北京大学出版社。

陆俭明，沈阳　2003　《汉语和汉语研究十五讲》，北京：北京大学出版社。

罗思明　2009　《英汉动结式的认知功能分析》，北京：中国社会科学

出版社。

吕叔湘　1942/1982　《中国文法要略》，北京：商务印书馆。

吕叔湘　1979　《汉语语法分析问题》，北京：商务印书馆。

吕叔湘　1980　《现代汉语八百词》，北京：商务印书馆。

吕叔湘　1985　《含动补结构的句子的语义分析》，《第一届国际汉语教学讨论会论文选》，北京：北京语言学院出版社。

吕叔湘　1986　《汉语句法的灵活性》，《中国语文》第 1 期。

吕文华　1982　《谈结果补语的意义》，《语言教学与研究》第 3 期。

吕文华　1987　《动词和句型》，北京：语文出版社。

马庆株　1988　《自主动词和非主动词》，《中国语言学报》第 3 期。

马庆株　1992　《汉语动词和动词性结构》，北京：北京语言学院出版社。

马腾，詹卫东　2013　《现代汉语述结式复合事件语义距离计算初探》，《国际中国语学会第 21 届年会》（IACL-21）。

马腾，詹卫东　2014　《基于事件语义距离的 V1-V2 述结式判别研究》，《计算机工程与应用》第 2 期。

马婷婷　2016a　《结果补语谓词计量研究现状》，《文教资料》第 16 期。

马婷婷　2016b　《结果补语语义指向研究现状》，《现代语文（语言研究版）》第 11 期。

马婷婷　2017a　《结果补语的虚化及其生成动因》，《绥化学院学报》第 9 期。

马婷婷　2017b　《结果补语对动词的选择限制探析》，《牡丹江师范学院学报（哲学社会科学版）》第 2 期。

马婷婷　2017c　《结果补语对形容词的选择限制》，《语言研究》第 1 期。

马婷婷　2017d　《语义双向选择视阈下结果补语的语义指向对象》，《汉语学习》第 6 期。

马婷婷，陈　波　2014　《结果补语"到"使用的语义条件分析》，《临沂大学学报》第 3 期。

马婷婷，刘伶俐　2015　《基于语法化视角的现代汉语"到"的功能角色分析》，《石家庄学院学报》第 9 期。

马希文　1987　《与动结式动词有关的某些句式》，《中国语文》第 6 期。

马真，陆俭明 1997a 《形容词作结果补语情况考察（一）》，《汉语学习》第 1 期。

马真，陆俭明 1997b 《形容词作结果补语情况考察（二）》，《汉语学习》第 4 期。

马真，陆俭明 1997c 《形容词作结果补语情况考察（三）》，《汉语学习》第 6 期。

梅立崇 1994 《也谈补语的表述对象问题》，《语言教学与研究》第 2 期。

梅祖麟 1991 《从汉代的"动、杀"、"动、死"来看动补结构的发展》，《语言学论丛》，北京：商务印书馆。

孟琮，郑怀德等 1987 《动词用法词典》，上海：上海辞书出版社。

潘允中 1980 《汉语动补结构的产生和发展》，《中国语文》第 1 期。

彭国珍 2006 《偏离类动结式的句法特性》，《华中科技大学学报（社会科学版）》第 4 期。

彭国珍 2007 《英汉结果补语结构中补语形容词的差异》，《语言教学与研究》第 3 期。

彭国珍 2011 《结果补语小句理论与现代汉语动结式相关问题研究》，杭州：浙江大学出版社。

彭国珍 2019 《基于语料库的致使义动结式不同句法格式研究》，《汉语学习》第 2 期。

齐若冰 2015 《动结式"V 满"及其相关研究》，上海师范大学硕士学位论文。

邱莉芹 2007 《定语语义指向谓语表义类型初探》，《连云港师范高等专科学校学报》第 2 期。

邱贤，刘正光 2009 《现代汉语受事主语句研究中的几个根本问题》，《外语学刊》第 6 期。

任鹰 2001 《主宾可换位动结式述语结构分析》，《中国语文》第 4 期。

任鹰 2005 《现代汉语非受事宾语句研究》，北京：社会科学文献出版社。

任玉华 2000 《"把"字句补语的语义指向》，《社会科学战线》第

5 期。

尚福娟　2008　《浅析补语的语义指向》，《现代语文》第 35 期。

邵敬敏　1987　《八十年代副词研究的新突破》，《现代汉语语法研究的现状和回顾》，北京：语文出版社。

邵敬敏　1990　《副词在句法结构中的语义指向初探》，《汉语论丛》，上海：华东师范大学出版社。

邵敬敏　1991　《歧义分化方法探讨》，《语言教学与研究》第 1 期。

邵敬敏　1996a　《"语义价""句法向"及其相互关系》，《汉语学习》第 4 期。

邵敬敏　1996b　《论汉语语法的语义双向选择性原则》，《中国语言学报》第八期，北京：商务印书馆。

邵敬敏　2000　《《汉语语法的立体研究》，北京：商务印书馆。

邵敬敏　2004　《"语义语法"说略》，《暨南学报（人文社会与科学版）》第 1 期。

邵敬敏　2011　《新时期汉语语法学史 1978-2008》，北京：商务印书馆。

邵敬敏，周芍　2005　《语义特征的界定与提取方法》，《外语教学与研究》第 1 期。

邵敬敏，饶春红　1985　《说"又"——兼论副词研究的方法》，《语言教学与研究》第 2 期。

邵敬敏，吴立红　2005　《"副+名"组合与语义指向新品种》，《语言教学与研究》第 6 期。

邵敬敏，赵春利　2006　《关于语义范畴的理论思考》，《世界汉语教学》第 1 期。

沈　阳　2004　《句法成分的语义指向现象与语义指向研究》，《21 世纪的中国语言学（一）》，北京：商务印书馆。

沈　阳　2008　《语义所指理论与汉语句法成分的语义指向研究》，《当代语言学理论和汉语研究》，北京：商务印书馆。

沈　阳　2009　《词义吸收、词形合并和汉语双宾结构的句法构造》，《世界汉语教学》第 2 期。

沈家煊　2003　《现代汉语"动补结构"的类型学考察》，《世界汉语教学》第 3 期。

沈家煊 2004 《动结式"追累"的语法和语义》,《语言科学》第 11 期。

沈开木 1983 《表示"异中有同"的"也"字独用的探索》,《中国语文》第 1 期。

沈开木 1996 《论"语义指向"》,《华南师范大学学报》第 6 期。

沈阳,彭国珍 2010 《结果偏离义"VA 了"结构的句法和语义分析》,《汉语学习》第 5 期。

沈阳,玄玥 2012 《"完结短语"及汉语结果补语的语法化和完成体标记的演变过程》,《汉语学习》第 1 期。

施春宏 2006 《动结式的配价层级及歧价现象》,《语言教学与研究》第 4 期。

施春宏 2008 《汉语动结式的句法语义研究》,北京:北京语言大学出版社。

施春宏 2010 《动词拷贝句句式构造和句式意义的互动关系》,《中国语文》第 2 期。

施春宏 2015 《动结式在相关句式群中不对称分布的多重界面互动机制》,《世界汉语教学》第 1 期。

石慧敏 2010 《动结式"V 破"的句法语义特性及其演变过程》,《上海师范大学学报(哲学社会科学版)》第 4 期。

石慧敏 2011 《汉语动结式研究综述》,《对外汉语研究》第 0 期。

石慧敏 2012 《汉语动结式的整合与历时演变》,上海:复旦大学出版社。

石毓智 2001 《肯定与否定的对称与不对称》,北京:北京语言文化大学出版社。

石毓智 2003 《现代汉语语法系统的建立——动补结构的产生及其影响》,北京:北京语言大学出版社。

石毓智 2006 《语法化的动因与机制》,北京:北京大学出版社。

石毓智,李讷 2001 《汉语语法化的历程——形态句法发展的动因和机制》,北京:北京大学出版社。

双文庭,马阳 2013 《基于语义角色的英语 V+able 型形容词的语义指向探索》,《天津外国语大学学报》第 6 期。

税昌锡 2002 《简论隐形语法关系和语义指向分析》,《广西师范大学学报（哲学社会科学版）》第 1 期。

税昌锡　2004　《语义指向结构模式的多维考察》，《浙江大学学报（人文社科版）》第 3 期。

税昌锡　2005　《汉语语义指向论稿》，长春：东北师范大学出版社。

司玉英　2004　《有标志补语的语义指向》，《语言科学》第 4 期。

宋文辉　2004a　《补语的语义指向为动词的动结式的配价》，《河北师范大学学报（哲社版）》第 3 期。

宋文辉　2004b　《动结式在几个句式中的分布》，《语文研究》第 3 期。

宋文辉　2007　《现代汉语动结式的认知研究》，北京：北京大学出版社。

孙　超　2013　《定语语义指向的异指研究综述》，《齐齐哈尔大学学报（哲学社会科学版）》第 1 期。`

孙　凡　2012　《现代汉语结果体研究》，吉林大学博士学位论文。

太田辰夫　1958/1987　蒋绍愚，徐昌华译《中国语历史文法》，北京：北京大学出版社。

唐翠菊　2001　《现代汉语重动句的分类》，《世界汉语教学》第 1 期。

唐一萍　2011a　《补语语义指向主语动结式的构式语法观研究》，《山西经济管理干部学院学报》第 3 期。

唐一萍　2011b　《补语语义指向动词动结式的构式语法观研究》，《怀化学院学报》第 7 期。

唐一萍　2012　《补语语义指向宾语动结式的构式语法观》，《湖南科技学院学报》第 1 期。

全国斌　2011　《动结式粘合式结构与结果事件表达》，《殷都学刊》第 6 期。

王　珏　2006　《有生形容词初论》，《中国语言学报》第十二期，北京：商务印书馆。

王　力　1943/1985　《中国现代语法》，北京：商务印书馆。

王　力　1944/2015　《中国语法理论》，北京：中华书局。

王　力　1958　《汉语史稿（合订本）》，北京：中华书局。

王　欣　2012　《上下文无关语义学与语义指向》，《外国语》第 5 期。

王　寅　2011　《什么是认知语言学》，上海：上海外语教育出版社。

王灿龙 1999 《重动句补议》,《中国语文》第 2 期。

王辰玲 2017 《事实与虚构:动结式复合动词内部结构语义的认知理据》,《西安外国语大学学报》第 1 期。

王辰玲 2021 《汉语动结式时体的心理空间研究》,《信阳师范学院学报(哲学社会科学版)》第 3 期。

王大新 1998 《动结式及其后置成分的语义、语法分析》,《学术交流》第 2 期。

王海妮 2010 《"把"字句中形容词补语的语义指向》,《现代语文(语言研究版)》第 10 期。

王红旗 1993 《谓词充当结果补语的语义限制》,《汉语学习》第 4 期。

王红旗 1995 《动结式述补结构配价研究》,《现代汉语配价语法研究》,北京:北京大学出版社。

王红旗 1996 《动结式述补结构的语义是什么》,《汉语学习》第 1 期。

王红旗 1997 《论语义指向分析产生的原因》,《山东师大学报(社会科学版)》第 1 期。

王红旗 2001 《动结式述补结构在把字句和重动句中的分布》,《语文研究》第 1 期。

王惠,詹卫东,俞士汶 2006 《"现代汉语语义词典"的结构及应用》,《语言文字应用》第 1 期。

王火红 2007 《修饰语形容词语义指向分析》,《井冈山学院学报(哲学社会科学)》第 4 期。

王娇娇 2010 《泰国学生使用汉语结果补语偏误分析》,西南大学硕士学位论文。

王金鑫 2006 《情感形容词语义指向研究》,《语法研究和探索》第 1 期。

王进安 2005 《定语的语义指向及表述功能的差异》,《集美大学学报(哲学社会科学版)》第 4 期。

王景丹 1999 《形容词定语的语义指向分析》,《长春大学学报》第 2 期。

王静,伍雅清 2008 《汉语动结式生成研究述评》,《现代外语》第 2 期。

王丽娟　2007　《结果补语的语义指向》，《文教资料》第 9 期。

王连盛　2018　《动结式的词汇化及其机制——以"V 破"为例》，《汉语学习》第 1 期。

王玲玲，何元建　2002　《汉语动结结构》，杭州：浙江教育出版社。

王砚农，焦群，庞颙　1987　《汉语动词——结果补语搭配词典》，北京：北京语言学院出版社。

温宾利　2002　《论英语自由关系分句的结构》，《解放军外国语学院学报》第 1 期。

温锁林　1996　《语法研究语用平面的几个问题》，复旦大学硕士学位论文。

文　炼　1960　《论语法学中"形式和意义相结合"的原则》，《上海师范学院学报》第 2 期。

翁义明　2013　《英汉介词短语语义指向对比研究》，《重庆交通大学学报（社科版）》第 10 期。

吴福祥　1998　《重谈"动+了+宾"格式的来源和完成体助词"了"的产生》，《中国语文》第 6 期。

吴福祥　1999　《试论现代汉语动补结构的来源》，《汉语现状与历史的研究——首届汉语语言学国际讨论会文集》，北京：中国社会科学出版社。

吴福祥　2000　《关于动补结构"V 死 O"的来源》，《古汉语研究》第 3 期。

吴福祥　2001　《南方方言几个状态补语标记的来源（一）》，《方言》第 4 期。

吴福祥　2002　《南方方言几个状态补语标记的来源（二）》，《方言》第 1 期。

吴福祥　2003　《再论处置式的来源》，《语言研究》第 3 期。

吴福祥　2004　《近年来语法化研究的进展》，《外语教学与研究》第 1 期。

吴福祥　2009　《从"得"义动词到补语标记：东南亚语言的一种语法化区域》，《中国语文》第 3 期。

吴为善　2010　《自致使义动结构式"NP+VR"考察》，《汉语学习》第 6 期。

吴为善　2011　《认知语言学与汉语研究》，上海：复旦大学出版社。

吴为善，吴怀成　2008　《双音述宾结果补语"动结式"初探》，《中国语文》第 6 期。

吴为章　1995　《语序重要》，《中国语文》第 6 期。

吴永存　2006　《语义指向研究述评》，《现代语文（语言研究版）》第 12 期。

项开喜　1997　《汉语重动句式的功能研究》，《中国语文》第 4 期。

项开喜　2002　《汉语的双施力结构式》，《语言研究》第 2 期。

项开喜　2010　《认识性使成范畴及其语法表现》，《汉语学习》第 2 期。

项开喜　2011　《使成兼表被动现象的多角度考察》，《世界汉语教学》第 3 期。

项晓霞　2003　《副词"都"的语义指向及相关句法语义问题》，《中共南京市委党校南京市行政学院学报》第 6 期。

肖奚强　2001　《协同副词的语义指向》，《南京师大学报》第 6 期。

辛丽娟　1989　《浅析结果补语的语义指向类型》，《松辽学刊》第 2 期。

辛永芬　2003　《论能够做结果补语的动词》，《河南大学学报（社会科学版）》第 1 期。

熊学亮　2017　《基本动结式的"内容进——形式出"分析》，《现代外语》第 2 期。

熊仲儒　2008　《"都"的右向语义关联》，《现代外语》第 1 期。

徐　丹　2000　《动补结构中的上字与下字》，《语法研究和探索》（十），北京：商务印书馆。

徐　洁　2008　《语义指向研究综述》，《南阳师范学院学报（社会科学版）》第 10 期。

徐烈炯　2002　《汉语是话语概念结构化语言吗?》，《中国语文》第 5 期。

徐烈炯，刘丹青　1998/2007　《话题的结构与功能》，上海：上海教育出版社。

徐烈炯，刘丹青　2003　《话题与焦点新论》，上海：上海教育出版社。

徐以中　2003　《副词"只"的语义指向及语用歧义探讨》，《语文研究》第 2 期。

徐以中　2010　《"只"与"only"的语义指向及主观性比较研究》,《语言教学与研究》第 6 期。

许小星,亢世勇　2009　《补语语义指向的制约因素》,《中国计算机语言学研究前沿进展》(2007-2009)。

玄　玥　2010　《"见"不是虚化结果补语:谈词义演变与语法化的区别》,《世界汉语教学》第 1 期。

玄　玥　2011　《现代汉语动结式补语是一种内部情态体——"完结短语"假设对动结式结构的解释》,《华文教学与研究》第 1 期。

玄　玥　2018　《完结范畴与汉语动结式》,北京:商务印书馆。

薛玲玲　2004　《VR 复合词中 R 的语义指向性》,《长沙铁道学院学报(社科版)》第 2 期。

薛妍妍　2009　《英汉结果补语结构对比研究》,上海外国语大学硕士学位论文。

延俊荣　2002　《动结式 V+Rv 带宾语情况考察》,《汉语学习》第 5 期。

严辰松,刘虹　2018　《汉语动结式研究新视角——以承载状态变化的主体为中心》,《解放军外国语学院学报》第 2 期。

严辰松,刘虹　2019　《汉语动结式歧义句新探》,《北京第二外国语学院学报》第 6 期。

杨　子　2011　《言语交际的关联优选模式及其应用》,北京:光明日报出版社。

杨春雍　2005　《越南学生汉语补语习得偏误分析》,云南师范大学硕士学位论文。

杨大然,周长银　2013　《基于轻动词理论的汉语动结式补语指向研究》,《山东外语教学》第 5 期。

杨素英　2000　《当代动貌理论与汉语》,《语法研究和探索》(九),北京:商务印书馆。

杨素英等　2009　《动词情状分类及分类中的问题》,《语言学论丛》(第 39 辑)庆祝乔姆斯基教授获授北京大学名誉博士学位专辑,北京:商务印书馆。

杨玉玲　1999　《重动句和"把"字句的使用考察》,《世界汉语教学》

第 2 期。

　　杨玉玲　2001　《汉语中主、客体论元与补语同现时的几种句式》，《首都外语论坛》第 0 期。

　　杨玉玲　2013　《"宾补争动"及其解决途径》，《首都师范大学学报（社会科学版）》第 A1 期。

　　殷红伶　2011　《英汉动结式语义结构研究》，上海：东南大学出版社。

　　尹世超　1988　《结构关系与语义指向》，《语文研究》第 4 期。

　　于江生　2011　《语义指向的形式模型》，《自然语言理解与机器翻译——全国第六届计算语言学联合学术会议论文集》。

　　于婷婷　2011　《动结式补语语义指向的判别条件研究》，北京大学硕士学位论文。

　　俞士汶　1998　《现代汉语语法信息词典详解》，北京：清华大学出版社。

　　袁健惠　2018　《从构式化看汉语动结式的内部类别》，《烟台大学学报（哲学社会科学版）》第 6 期。

　　袁毓林　1998　《汉语动词的配价研究》，南昌：江西教育出版社。

　　袁毓林　1999　《袁毓林自选集》，桂林：广西师范大学出版社。

　　袁毓林　2000　《述结式的结构和意义的不平衡性》，《现代中国语研究（日本）》第 1 期。

　　袁毓林　2001　《述结式配价的控制——还原分析》，《中国语文》第 5 期。

　　袁毓林　2003　《一套汉语动词论元角色的语法指标》，《世界汉语教学》第 3 期。

　　袁毓林　2004a　《论元结构和句式结构互动的动因、机制和条件——表达精细化对动词配价和句式构造的影响》，《语言研究》第 4 期。

　　袁毓林　2004b　《汉语语法研究的认知视野》，北京：商务印书馆。

　　袁毓林　2005　《"都"的语义功能和关联方向新解》，《语言文字学（人大复印）》第 10 期。

　　袁毓林　2007　《语义角色的精细等级及其在信息处理中的应用》，《中文信息学报》第 4 期。

　　岳利民　2001　《"S+V+R+O"句式中 R 的语义指向》，《长沙电力学院学报（社会科学版）》第 4 期。

岳利民　2003　《结果补语"清楚"的词性及语义指向》，《长沙电力学院学报（社会科学版）》第 1 期。

岳利民　2005　《多义的动结式短语试析》，《广西社会科学》第 12 期。

詹人凤　1989　《动结式短语的表述问题》，《中国语文》第 2 期。

詹人凤　1997　《现代汉语语义学》，北京：商务印书馆。

詹人凤　2000　《语义指向与语法关系》，《语法研究和探索》（九），北京：商务印书馆。

詹卫东　2001　《确立语义范畴的原则及语义范畴的相对性》，《世界汉语教学》第 2 期。

詹卫东　2013　《复合事件的语义结构与现代汉语述结式的成立条件分析》，《对外汉语研究》第 1 期。

张　娟　2008　《结果补语的语义指向分析》，《和田师范专科学校学报》第 3 期。

张　黎　2015　《汉语的隐性意愿结构及其句法影响：以动结式及其相关句法现象为例》，《语言教学与研究》第 5 期。

张　猛　2010　《形容词结果补语的语义指向取决于句式》，《民俗典籍文字研究》第 6 辑，北京：商务印书馆。

张　敏　1998　《认知语言学与汉语名词短语》，北京：中国社会科学出版社。

张　娜　2006　《英语国家留学生汉语结果补语使用偏误分析》，《现代语文（语言研究版）》第 9 期。

张伯江　2002　《施事角色的语用属性》，《中国语文》第 6 期。

张国宪　1988　《结果补语语义指向分析》，《汉语学习》第 4 期。

张国宪　1991　《谓词状语语义指向浅说》，《汉语学习》第 2 期。

张国宪　1995　《现代汉语的动态形容词》，《中国语文》第 3 期。

张国宪　1997　《"V 双＋N 双"短语的理解因素》，《中国语文》第 3 期。

张国宪　1998　《现代汉语形容词的体及形态化历程》，《中国语文》第 6 期。

张国宪　2000　《现代汉语形容词的典型特征》，《中国语文》第 5 期。

张国宪　2005　《性状的语义指向规则及句法异位的语用动机》,《中国语文》第 1 期。

张国宪　2006　《现代汉语形容词功能与认知研究》,北京:商务印书馆。

张家骅　2011　《语义指向与义素结构》,《外语学刊》第 1 期。

张力军　1990　《论"NP1+A+VP+NP2"格式中 A 的语义指向》,《烟台大学学报(哲学社会科学版)》第 8 期。

张林林　1987　《简单结果补语语义指向》,《江西师范大学学报(哲学社会科学版)》第 1 期。

张世才　1999　《形容词作状语的语义指向与在句中的位置》,《喀什师范学院学报》第 1 期。

张旺熹　2002　《重动结构的远距离因果关系动因》,《汉语语法研究的新拓展(一)——21 世纪首届现代汉语语法国际研讨会论文集》,杭州:浙江教育出版社。

张旺熹　2006　《汉语句法的认知结构研究》,北京:北京大学出版社。

张言军　2009　《也谈"把"字句中补语的语义指向》,《晋中学院学报》第 1 期。

张谊生　2014　《试论当代汉语新兴的补语标记"到"》,《当代语言学》第 1 期。

张玉金　2005　《甲骨文"不"和"弗"语义指向方面的异同》,《语言研究》第 4 期。

张豫峰　2002　《"得"字句补语的语义指向》,《山西师大学报(社会科学版)》第 1 期。

张志公　1952　《汉语语法常识》,《语文学习》第 6 期。

章宜华　2009　《语义认知释义》,上海:上海外语教育出版社。

赵　新　2001　《重动句的结构和语义分析》,《华侨大学学报(人文社会科学版)》第 1 期。

赵　新　2002　《试论重动句的功能》,《语言研究》第 1 期。

赵春利　2012　《现代汉语形名组合研究》,广州:暨南大学出版社。

赵世举　2001　《定语的语义指向试探》,《襄樊学院学报》第 1 期。

赵元任　1952　李荣(译)《北京口语语法》,北京:中国青年出版社。

赵元任　1968/1979　吕叔湘(译)《汉语口语语法》,北京:商务印书馆。

赵长才 2000 《汉语述补结构的历时研究》，中国社会科学院博士学位论文。

甄 玉 2009 《从事件结构理论角度看汉语动补结构》，天津大学硕士学位论文。

志村良治 1984/1995 江蓝生，白维围译《中国中世语法史研究》，北京：中华书局。

钟小勇 2010 《重动句宾语话语指称性分析》，《世界汉语教学》第 2 期。

周 刚 1998 《语义指向分析刍议》，《语文研究》第 3 期。

周迟明 1957 《汉语的使动性复式动词》，《山东大学学报（人文科学）》第 1 期。

周国光 2006 《试论语义指向分析的原则和方法》，《语言科学》第 4 期。

周海峰 1998 《从重动句看"把"字句》，《徐州师范大学学报（哲社版）》第 2 期。

朱德熙 1982 《语法讲义》，北京：商务印书馆。

朱德熙 1985 《语法答问》，北京：商务印书馆。

朱立奇 2006 《S+V+C+O 句式中补语的语义指向研究》，安徽师范大学硕士学位论文。

朱永生，严世清等 2004 《功能语言学导论》，上海：上海外语教育出版社。

朱子良 1992 《补语语义上的多指向》，《衡阳师专学报（社会科学）》第 3 期。

祝敏彻 1963 《使成式的起源和发展》，《兰州大学学报（社会科学版）》第 2 期。

邹艳霞 2001 《状位形容词的语义指向研究》，首都师范大学硕士学位论文。

Comrie，B. 1976. *Aspect*. Cambridge：Cambridge University Press.

Dowty，D. 1977. Towards a Semantic Analysis of Verb Aspect and the English Imperfective Progressive. *Linguistics and Philosophy*（1）.

Dowty, D. 1979. *Word Meaning and Montague Grammar*: *The Semantics of Verbs and Times in Generative Semantics and Montague's PTQ*, Dordrecht: Reidel Publishing Company.

Fillmore, Charles J. 2003. 詹卫东译《框架语义学》,《语言学论丛》第 27 辑, 北京: 商务印书馆。

Givón, T. 1984. *Syntax*: *A Functional-Typological Introduction* (Vol 1). Amsterdam: John Benjamins.

Givón, T. 1990. *Syntax*: *A Functional-Typological Introduction* (Vol 2). Amsterdam: John Benjamins.

Haiman, John. 1983. Iconic and Economic Motivation. *Language* (59).

Haiman, John. 1985. *Natural Syntax*. Cambridge: Cambridge University Press.

Haiman, John. 1980. The Iconicity of Grammar: Isomorphism and Motivation. *Language* (56).

Langacker, Ronald W. 1991. *Foundations of Cognitive Grammar*: *Descriptive Application* Vol II . Stanford: Stanford University Press.

Langacker, Ronald W. 1987. *Foundations of Cognitive Grammar*: *Theoretica Prerequisities* Vol I. Stanford: Stanford University Press.

Li, Yafei. 1995. The Thematic Hierarchy and Causativity. *Natural Language and Linguistic Theory* (13).

Rint Sybesma, 沈阳 2006 《结果补语小句分析和小句的内部结构》,《华中科技大学学报（社会科学版）》第 4 期。

Smith, C. 1997. *The Parameter of Aspect* (2nd edition). Dordrecht: Kluwer.

Talmy, Leonard. 2000a. *Toward a Cognitive Semantics Volume I*: *Concept Structuring Systems*. Cambridge, MA: MIT Press.

Talmy, Leonard. 2000b. *Toward a Cognitive Semantics Volume II*: *Typology and Process in Concept Structuring*. Cambridge, MA: MIT Press.

Vendler, Z. 1967. *Linguistics in Philosophy*. New York: Cornell University Press.

图书在版编目（CIP）数据

结果补语语义指向与计算机识别研究 / 马婷婷著
. -- 北京：社会科学文献出版社，2023.8
ISBN 978-7-5228-0729-4

Ⅰ.①结⋯ Ⅱ.①马⋯ Ⅲ.①现代汉语-补语-语义
-研究②现代汉语-补语-语义-自动识别-研究 Ⅳ.
①H146.3②TP391.43

中国版本图书馆 CIP 数据核字（2022）第 170032 号

结果补语语义指向与计算机识别研究

著　　者 / 马婷婷

出 版 人 / 冀祥德
责任编辑 / 李建廷
责任印制 / 王京美

出　　版 / 社会科学文献出版社
　　　　　　地址：北京市北三环中路甲 29 号院华龙大厦　邮编：100029
　　　　　　网址：www.ssap.com.cn
发　　行 / 社会科学文献出版社（010）59367028
印　　装 / 三河市尚艺印装有限公司

规　　格 / 开　本：787mm × 1092mm　1/16
　　　　　　印　张：14.25　字　数：231 千字
版　　次 / 2023 年 8 月第 1 版　2023 年 8 月第 1 次印刷
书　　号 / ISBN 978-7-5228-0729-4
定　　价 / 128.00 元

读者服务电话：4008918866